김점장의
일등마트
도전기

김점장의
일등마트 도전기

당신의 매장에도
반드시 적용 가능한
실전 전략서

김용운 지음

★★★★
위기의
자영업자와
소상공인을 위한
전략 노트

이제 독점 상권은 없다.

하지만 모든 상권에는 반드시 기회가 있다.
문제는 기회 요소를 찾아내고 정확하게 실행하는 것이다.

바른북스

추천의 글

제주에서의 새로운 시작을 함께한 소중한 인연

　제주와 아무 연고도 없던 제가 약국 개업 자리를 찾아 헤매다 롯데마트 제주점까지 오게 될 줄은 꿈에서도 상상하지 못했습니다. 1년간 다른 분이 운영해 오던 약국을 2021년 1월에 인수하고 처음 1년 동안은 저도 적응하는 데 시간이 필요했고 마트 상황도 여러 가지로 어수선해서 나름 힘든 시간을 보냈습니다.

　김용운 점장님을 만난 건 정확히 개업 후 1년이 지난 2022년 1월이었습니다. 새로 점장으로 발령받았다고 인사하러 오셨을 때는 사실 점장이 바뀐다고 뭐가 얼마나 달라질까 하는 생각에 큰 기대는 없었습니다. 임대매장 특성상 큰 문제를 일으키지 않는 한 경영적인 면에서 간섭을 받을 일은 없었고 개선 사항을 건의하고 싶어도 저 역시 딱히 뭔가 마트 측에 요구하기도 애매했으니까요.

그런데 점장님이 오시고 조금씩 변화가 눈에 보이기 시작했습니다. 원래 약국 옆에 안경점이 있었는데 그곳이 나가고 그 공간을 6개월 동안 창고처럼 사용하고 있었습니다. 1층에서 가장 핵심 공간이었는데 창고처럼 쓰다 보니 장을 보는 손님들과 동선이 겹쳐서 좀 어수선했고 화물 캐리어 굴러가는 소리와 진동도 심각했습니다. 그렇다고 제가 뭘 어떻게 할 수 있는 일도 아니고 그냥 그러려니 하고 지냈었는데 점장님이 오시고 얼마 지나지 않아서 계산대 옆에 협소하게 붙어 있던 '도와드립니다. 코너' 즉, 안내 데스크를 이곳으로 옮겼습니다.

그렇게 넓어진 계산대 앞 공간에는 상설 행사 공간과 간단한 먹거리 포차가 들어섰고 이렇게 바뀐 후 유동 인구가 훨씬 늘어난 것이 제 눈에도 확연히 보였습니다. 동시에 실내 냉난방 시설도 싹 다 개선됐죠. 사실 제가 처음 오고 1년간 여름에는 정말 덥고 겨울에는 너무 추웠거든요. 나중에 얘기를 들어보니 점장님께서 본사 측에 적극 건의해서 예산을 가져오신 거라고 하더군요.

저도 그렇고 직원들도 그렇고, 마트가 시원해지니 고객들의 짜증 섞인 클레임이 매우 줄었다는 말을 많이 했습니다. 거의 하루 종일 마트 안에 있는 직원들 입장에서는 실내 온도에 민감할 수밖에 없거든요. 물론 직원들뿐만 아니라 오시는 고객들도 이전에는 왜 이렇게 덥냐고 불만을 토로하시는 분들이 많았죠.

저도 경기도에 있는 대형 할인점 안에서 일해보고 롯데마트에 입점한 것이지만 고객들이 마트에 오는 게 꼭 장만 보러 오는 건 아니거든요. 실외 온도가 너무 높거나 낮으면 마트로 피신하는 분들도 꽤 많다는 걸 마트 안에서 일해보고 나서야 알게 됐습니다.

당장 냉난방 시설에 투자하는 게 예산 낭비처럼 보일 수도 있지만 결국 이런 투자가 그대로 실적으로 돌아온다는 걸 점장님이 증명해 주셨죠.

나중에 근처에 있는 경쟁사를 실적으로 이겼다고 하셨을 때 제가 롯데마트 직원은 아니지만 정말 기쁘고 자랑스러웠습니다. 임대매장 역시 마트가 잘되면 자연스럽게 같이 매출이 오르기 때문에 약국 운영도 수월해졌죠. 약국 매출이 마트 매출에 포함되는 건 아니었지만 저도 마트 이미지에 영향을 줄 수 있다는 생각으로 전보다 진심으로 고객들을 대하려고 노력했습니다.

지금 그때를 회상해 보면 롯데마트에서 근무하는 직원, 아르바이트생, 입점 업체 모두 한번 열심히 해보자는 분위기가 있었습니다. 지금 돌아보면 곧 정년을 앞둔 분이 왜 이렇게까지 열심히 일하셨을까 하는 의문도 듭니다. 그런데 같이 등산도 하고 대화를 나눠보면서 이분은 뭐든지 주인의식을 가지고 하지 않으면 직성이 풀리지 않는 성격이라는 것을 알게 됐습니다. 마트의 실적이 본인의 이익과 직결되지 않더라도 그 성취를 통해 스스로 보람을 느끼시는 분이었던 거죠.

저도 덕분에 저 자신을 돌아보고 반성하게 됐습니다. 오히려 전 오롯이 제 개인에게 이익이 돌아오는 개인 매장을 운영함에도 과연 저런 적극성이 있었는가, 그냥 매일매일 반복되는 일상에 매몰되어 하루하루를 흘려보내지는 않았는지 많은 생각을 하게 되더군요.

처음엔 어느 정도의 이해관계가 있는 사이로 인연이 시작됐지만,

지금은 인생의 멘토처럼 생각하면서 점장님이 운영하시는 블로그 글도 보고 서로 연락하며 지냅니다. 이것도 김용운 점장님이 이런 삶에 대한 태도를 항상 유지하셨기 때문이겠죠.

 글을 쓰는 취미도 없고 재주도 없는 저에게 점장님이 글을 제안하셨을 때 흔쾌히 수락한 이유도 제가 점장님을 보면서 느낀 점을 누군가에게는 알려주고 싶다는 생각 때문이었습니다. 저는 마트 직원은 아니었기 때문에 어떻게 마트를 바꾸셨는지 세세하게 다 알지는 못하지만, 한 사람의 점장으로 이렇게 매장이 바뀔 수가 있구나 감탄했습니다.

 제가 알고 있는 모습이 직원들 눈에 비친 점장님의 모습과는 다를 수도 있겠죠. 하지만 하나 확실한 것은 김용운 점장님과 2년을 함께한 그 누구도 점장님의 열정과 주인의식만큼은 의심하지 않을 거라는 겁니다. 함께한 2년 동안 참 많은 일이 있었고 정신없기도 했지만, 많은 것을 배웠고 신났고 보람 있었습니다. 본의 아니게 제가 입점 업체 대표로 글을 쓰게 됐는데 저를 제외한 다른 사장님들도 점장님께는 고마운 마음을 갖고 있습니다.

 그동안 정말 고생 많으셨고 앞으로의 시간도 좋은 인연들과 좋은 시간으로 채워지기를 진심으로 기원합니다.

최동혁(약사, 제주점 스마트 약국)

프롤로그

나는 대한민국 할인점 춘추전국시대에 유통인으로 뛰어들어 LG마트, GS마트를 거쳤다. 그리고 유통 BIG 3 체제로 전환되는 소용돌이 속에 롯데마트로 편입되었다. 처음에는 롯데마트의 소형 매장인 천안점, 중형 매장인 안성점, 다음으로 롯데마트 핵심 매장이자 대형 매장인 서울 송파점의 점장으로 성장해 나가면서 나의 입지를 굳혀갔다. 그리고 마지막으로 제주지점의 점장으로 발령받으면서 13년간 롯데마트에서의 활동을 마무리했다.

제주점은 제주도 內 5개 할인점 중 매출 규모가 4위인 매장이었다. 하지만 나는 하드웨어적인 환경은 도내 할인점 중에 가장 좋은 여건이라고 판단했다. 특히 백화점이 없는 제주도에서 브랜드 매장이 유니클로를 포함하여 3개 층에 53개가 있었으며, 5월 어린이날과 12월 크리스마스에 제주도 내 전역에서 쇼핑을 오는 가장 큰 매장인 토이저러스 또한 있었다.

그만큼 제주도민들에게 인지도가 매우 높았다. 그래서 나는 제주도 內 1등 매장으로 성장시킨다는 목표를 세우고 전 직원들과 지속적으로 소통했다. 제주도민 고객께 꼭 맞는 맞춤형 롯데마트 매장을 구현하기 위한 모든 계획을 세우고 집중했다.

제주점의 구성원들은 해보자는 파이팅과 구성원들 간의 신뢰와 협동심으로 한발 한발 경쟁사를 따라갔다. 그리고 부임하는 해 가을, 처음으로 제주도 1등 매장으로 정상에 깃발을 꽂았다.

내 인생의 마지막 지점장으로서 직장생활을 유의미하게 정리하고 싶었다. 먼저 후배들에게 박수받으며 물러나고 싶었으며, 또한 같이 일하는 구성원들과 함께 누릴 수 있는 멋진 성과도 만들고 싶었다. 나는 지금까지 어느 때보다 열심히 했다. 또한 나의 욕심을 내려놓고 후배들과 회사를 위해서 노력했다.

그 결과 임직원들로부터 많은 관심과 격려를 받는 동시에 모두의 박수를 받으며 마트 지점장으로서 정점에 있을 때, 나름 성공한 직장생활을 끝으로 지난 연말, 대기업 롯데마트 제주지점장으로서 마지막 퇴임을 하였다. 참으로 우여곡절이 많은 나의 인생 1라운드를 마무리했다. 중요한 고비마다 나를 사로잡는 커다란 악재를 만났지만 나는 묵묵히 내가 하고자 하는 길을 꿋꿋하게 걸어왔다.

여러 곳의 유통회사를 거치면서 너무 힘들어 중간에 포기하고 싶다는 생각도 했고, 나는 왜 이렇게 힘든 길을 가야 하나 생각도 했으며, 남들처럼 좀 쉽게 넘어가는 일이 없는 삶을 원망한 적도 있었다. 그때그때 흔들리지 않고 인내하면서 항상 긍정적으로 받아들이고 최선을 다해왔기에 직장생활을 잘 마무리할 수 있었던 것 같다. 그리고 대표님과 본부장님께서 진심으로 인정해 주시고 격려해 주시는 메시지를 보내주셨는데, 이것으로 나의 직장생활 동안 아쉽고 서운했던 모든 것을 보상받았다고 생각한다.

퇴직 이후 지금은 서귀포시 예래동에서 제주살이하고 있다. 제주 지점장으로 있으면서 짬을 내어 제주대학교 평생교육원에서 2023년 1학기는 오름 해설사 강의를, 2학기에는 문화탐방 지도사 과정으로 제주역사 문화탐방 수업을 수강했다. 처음에는 제주에서 근무하는 동안 제주역사와 자연을 좀 더 알고 느낄 수 있는 시간이 필요하다고 생각해서 시작했다.

그런데 이 수업을 들으면서 어떻게 표현해야 할지 모를 정도로 재미있고 즐거웠으며, 마치 내 삶에 새로운 생명수를 찾은 것 같은 기분을 느꼈다. 그래서 제주 생활을 연장하여 문화탐방 지도사 자격증 공부와 함께 인생 2라운드에 어떻게 살 것인가를 좀 더 생각하고 준비하는 시간을 갖기로 했다.

그리고 나의 직장생활 동안 틈틈이 정리한 메모를 바탕으로 '점장 일기'를 쓰고 있다. 마트 지점장 생활 13년을 포함, 23년 동안 할인점에서 서비스와 매장 운영에 대해 쌓은 고객 중심 마인드, 소통을 통한 위기 극복의 노하우, 성공체험 등을 경영학적인 분석과 메시지보다는 철저한 현장 중심의 체험과 활동 수기 방식으로 책을 내고자 한다.

최근 수많은 자영업자와 프랜차이즈 매장의 소경영자들이 있지만, 매장 주변의 명확한 영업 환경 분석과 고객 트렌드를 알지 못하고 서투른 매장 운영으로 실패하는 사례를 많이 보았다. 나의 경험이 그들에게 조그마한 도움이라도 되었으면 좋겠다.

또한 갈수록 경쟁이 심화하는 할인점 업계에서도 기존의 성장기 운영 방법이 아닌, 정체기 생존을 위한 매장 운영 전략이 필요한 때이다. 특히 코로나 엔데믹 이후 급증한 온라인 업체와도 같은 시장을 두고 경쟁하고 있다. 이러한 상황에서 모든 운영을 본부 중심의 체인 오퍼레이션보다는 지역별, 매장별로 특수한 강점을 살리어 생존하는 나의 전략과 경험을 후배들에게 전해주고 싶다. 퇴직 이후 첫 도전이자 목표로 최선을 다해 이 글을 정리했다.

지금까지의 삶도 잘해왔듯이 앞으로도 흔들림 없이 모든 것에 감사하면서 긍정적인 마음으로 나의 길을 가고자 한다.

목차

추천의 글
– 제주에서의 새로운 시작을 함께한 소중한 인연

프롤로그

1장
송파점에서의 아쉬움

김 점장이 송파점에 간 이유는?	17
"토요 통큰 장날" 고객과 현장의 소통	27
업의 본질	36
전 직원들이 진심으로 함께한 시간	42

제주점 1등 도전기

도내 1등 매장 도전장	51
제주점의 시급한 해결 과제	59
점장! 제주점 고객 Pain Point는…	69
직원을 신명 나게 하는 현장 중심의 소통	76
이기는 롯데마트 제주점 만들기	81
경쟁사를 이기는 전략	87
점장 병가 보고서	92
축하, 축하! 리뉴얼 오픈	100

3장

제주점 마케팅 활동

상품 차별화 방향	107
100억 만들기 프로젝트	113
현장에서 답을 찾다	121
온오프라인 운영 시너지	130
온오프라인 활성화 기회	138
벤치마킹에 대하여	146
제주점 전단 동향 보고	152
의류 브랜드 활성화	158

4장

구성원과의 소통

구성원과 소통이 필요한 이유	165
주니어 담당 간담회에 대한 소회	171
구성원들 간의 갈등	177
두 파트장 이야기	182
직원 교육에 대한 소회	190

5장
점장(리더)의 역할

고객과 직원과 경쟁사를 이야기하다	197
점장의 영향력으로 진행한 업무는?	205
점장 업무 중에 가장 힘든 것	213
상사와 소통의 중요성	219
제주점 VOC 보고	223
마트 점장의 덕목	227
롯데렌터카 제주사업단장	234
신선식품 경쟁력 향상	243
드림타워 호텔 구매팀과의 인연	250
점장 영향력으로 매장을 얼마나 바꿀 수 있을까?	255
마지막 점장 업무 인수인계	266

에필로그

1장
송파점에서의 아쉬움

점장의 역할은 점 내부에 숨어 있는 에너지를 끌어내는 것이다. 당시 송파점은 나의 점장 생활을 통틀어 최고의 인적 구성원을 가지고 있는 매장이었다. 점장도 깜짝깜짝 놀랄 정도로 기대 이상의 성과를 보여주었다. 점장 입장에서 이만큼 더 행복한 일은 없을 것이다.

김 점장이 송파점에 간 이유는?

고객의 눈으로 매장의 작은 것부터 하나하나 개선하다 보면
어떠한 답을 찾을 수 있지 않을까? 생각한다.

2018년 7월 안성점에서 송파점으로의 이동은 나에게 매우 큰 의미가 있었다. 우선 롯데그룹의 심장부 송파구 잠실 인근 대형 매장이며, 송파점은 내가 이전에 몸담았던 GS마트의 대표 매장이었기 때문이다.

송파점은 내가 발령받은 2018년 기준으로 사내 매출 규모 상위 5위 매장에 속하는 대형 매장일 뿐 아니라, 서울 강남권 중심 상권에 자리 잡고 있어 매우 중요한 매장이다. 그러나 아픔이 많은 매장이기도 하다. 과거 전국 400여개 할인점 중 TOP 10 매장에서 지속적으로 하락하여, 내가 부임한 2018년도에는 상당히 줄어든 규모였기 때문이다. 나도 이러한 매장의 내력을 잘 알고 있기 때문에 점장 발령이 아주 부담스러웠다.

나는 고민하지 않을 수 없었다. '송파점 상권이 이전과 달라진 점이

무엇이며, 매장은 어떻게 변해왔을까?'에 대한 질문을 스스로에게 던지며 현장을 관찰하고, 내부 직원들의 말을 많이 경청하면서, 고객의 관점에서 처음부터 다시 시작한다는 마음으로 매장을 전체적으로 살피고 있었다. 이렇게 10여 일이 지난 7월 어느 날 아침, 대표님으로부터 전화를 받았다.

대표님의 전화 메시지!!

대표님 첫 말씀이 "김 점장 발령 나고 매장에 한번 방문하려고 하였는데, 도저히 시간이 나질 않아서 전화한다."라고 운을 떼시면서 말씀을 이어나갔다.

나는 점장 생활 8년 동안 5개의 매장 발령을 받아보았지만, 대표님은 고사하고 다른 임원분들로부터 이렇게 내 발령에 대해서 말씀해 주시는 것을 한 번도 들어본 적 없다. 일반적인 경우도 아니므로 상상조차 못 한 상황이라 앉아 있던 의자에서 일어나 부동자세로 바짝 긴장하여 전화를 받았다. 그래서 당시에 하셨던 말씀을 지금도 똑똑히 기억하고 있다.

말씀의 요지는 이렇다.

"송파점이 지난 8년 동안 지속적으로 부진한 이유에 대해서는 많은 보고와 원인 분석이 있었기에 부진한 이유를 말하자면 하루 종일 해도 부족함이 없을 것이다. 그렇다고 송파점을 완전히 뒤집어엎는다고 해결될 문제가 아니라고 생각한다. 김 점장이 안성점에서 해왔던 일이 매우 인상적이었다.

갈 때마다(근무 중 네 번 방문함) 매장이 조금씩 개선되고 변해갔던 것이 매우 좋았다. 그래서 안성점의 매출과 영업 이익이 많이 개선되었다고 생각한다.

송파점도 마찬가지로 지금은 전체적인 콘셉트의 변경을 위한 투자나 특단의 대책이 필요한 것이 아니라, 김 점장이 안성점에서 한 것처럼 고객의 눈으로 매장의 작은 것부터 하나하나 개선하다 보면 어떠한 답을 찾을 수 있지 않을까? 생각한다. 그래서 김 점장이 지금까지 잘해왔던 것처럼 송파점에서도 하나하나 챙겨주길 바란다."

나는 전화를 끊고 숨이 멎는듯한 느낌이었다. 이게 무엇인가?

나에게 엄청난 무게감이 밀려오는 기분이었다. 그리고 새로운 용기가 솟아나는 느낌이었다.

옆에 있었던 지원 부점장도 대표님의 전화 메시지를 전해 듣고, 이례적인 일이라며 매우 놀라면서 혹시 이전부터 대표님을 잘 알고 계셨냐고 되물어 보았다. 사실 나는 대표님과 같이 업무를 해본 적도 없고, 안성점장으로 있을 때 대표님의 방문으로 만났던 것밖에 없었다.

나는 지금까지 고객 중심의 마인드와 구성원들과의 소통을 통해서 내가 할 수 있는 최선을 다해서 매장을 관리하였고, 성과를 내기 위해서 나의 권한과 역량으로 할 수 있는 개선 활동을 해왔을 뿐이었다. 그렇다고 안성점 시절 점장 업무에 대해 누구 하나 크게 칭찬하거나 격려를 해준 것도 아니었다. '그냥 좋게 보고 있구나, 내가 하는 것이 나쁘게 보이지 않고 열심히 하는 것으로 봐주고 있구나!' 하고 생각하고 있었다.

그런데 대표님께서 "김 점장이 안성점에서 하나하나 바꿔왔듯이"라는 표현을 쓰시면서 말하였던 것은 '나의 모든 활동을 주의 깊게 보고 있었다.'는 그것과 다름없어 매우 놀라웠고, 소름이 끼칠 정도였다.

나의 업무에 대한 자신감과 분명한 목표 부여

대표님의 이러한 메시지는 이후 나의 점장 생활의 많은 부분에 영향을 미치게 되었다. 나는 2009년에 GS마트의 동대전점과 춘천점에서 점장 업무를 시작하였으며, 롯데마트에서는 천안점, 안성점에 이어 송파점까지의 경험을 가지고 있었다. '지금까지 점장으로서 추진한 고객 중심 업무 개선 방향이 맞았구나!'라는 자신감을 가지게 되었다.

'점장 업무의 가장 기본은 말 그대로 회사에서 파견한 일선 지점장으로서 회사의 지침과 가이드라인을 잘 실행하고 관리하는 것이 첫 번째 임무이다. 그다음으로 현장에서 발생하는 문제점과 개선할 수 있는 포인트를 찾아서, 회사의 영향력이 미치지 못하는 현장관리와 영업 개선 활동을 일선 점장으로서 챙기는 것이다.'라고 생각하며 꾸준하게 추진해 왔던 나의 점장 업무 활동을 모두 인정받는 것이었다.

그리고 송파점의 분명한 목표는 흑자 개선이었다. 그러기 위해서는 먼저 매출 하락의 고리를 끊어내야 했다. 롯데마트 내에 많은 매장이 있지만, 대표님께서도 송파점이 가장 아픈 손가락이었을 것이다.

오죽 아팠으면 일개 점장에게 직접 전화하시어, 현장 점장에게 재량과 권한을 부여하여 개선하고자 하셨을까?

나는 나에게 주어진 막중한 책임과 미션에 대해서 깊이 생각하고 고민하지 않을 수 없었으며, 남은 나의 직장생활이 얼마나 이어질지 모르지만, 송파점장이 나의 마지막 미션이라고 각오하고 내가 가지고 있는 모든 경험과 역량을 쏟아붓기로 하였다.

당시 송파점은 적자 상태였다. 그리고 GS마트에서 롯데마트로 전환된 이후로 매년 마이너스 신장을 기록하였으며, 단 한 번도 개선되거나 유지된 적이 없었던 매장이었다. 나는 단계적으로 목표를 잡고 향후 3년 내 적자에서 탈출하는 매장으로 만들 계획을 수립하였다. 그리고 그 첫 번째 단추는 마이너스 신장에서 탈출하여 더 이상의 부진에서 벗어나 성장을 위한 전환점을 만들어 나가는 것을 첫 번째 목표로 설정하였다.

구성원들에게 새로운 희망의 메시지를 던지다

송파점은 2000년대 초 GS마트로 오픈하여 거의 20년째 이어져 오는 매장이었다. 당시 송파점에는 직영과 파트너사 구성원들을 포함하여 700여 명이 근무하고 있었다. 그래서 현장의 많은 구성원들은 송파점에서 일어났던 많은 것을 기억하고 있을 뿐 아니라, 실적이 좋았던 시절에 대한 그리움과 희망을 품고 근무하고 있었다.

나는 첫 번째로 이들에게 다시 우리는 과거 못지않은 매장으로서 성장할 기회가 있다는 점장의 분명한 메시지와 목표를 제시하고 함께하자고 독려하고 당부하였다.

그때 기억나는 놀라운 사례 하나를 소개한다. 나는 매장에 함께 근무하는 구성원은 점장의 입장에서는 내부 고객이므로, 교육을 통해서 구성원과 먼저 소통한다. 그때 진행한 전체 교육을 통하여 송파점의 비전을 공유하고 구성원들에게 건의 사항을 수렴하였는데, 수많은 건의 사항 중에 수십 번 반복하여 나온 것이 정수기 추가 설치였다. 이유는 간단했다. 점의 이익이 부진하므로 비용을 절감하고자 기존에 있었던 정수기의 1/3을 철수하였기에 직원들의 불만이 심각했었다. 참으로 어리석은 비용 절감 조치였다. 월 60만 원도 안 되는 절감 비용 때문에 700명 직원의 불만으로 매장의 분위기는 바닥을 치고 있었다. 이러한 점은 점장을 하면서 가장 범하기 쉬운 오류이다. 그래서 나는 이러한 내부 직원들의 마음을 열고, 긍정의 에너지로 바꾸려고 노력하였다.

2019년 입주 예정인 1차 상권 내 헬리오시티 1만 세대 입주, 성장하고 있는 온라인 매출, 지하 1층 식품매장의 낡은 이미지 개선과 1, 2층 브랜드 매장의 활성화를 추진하겠다고 약속하며 희망의 메시지를 직원들에게 보냈다. 당장 매장에서 효과가 보이기 시작하였다. 그때 영업 총괄을 맡았던 담당의 말이 기억난다. "점장님! 담당들이 신났습니다. 지금까지 80%대의 목표 달성률만 보았는데 요즘은 90%대로 변화되어 새로운 희망을 품게 되었습니다." 그렇게 송파점 구성원들은 조금씩 희망을 품고 다시 한번 도전하는 분위기로 변화되어 갔다.

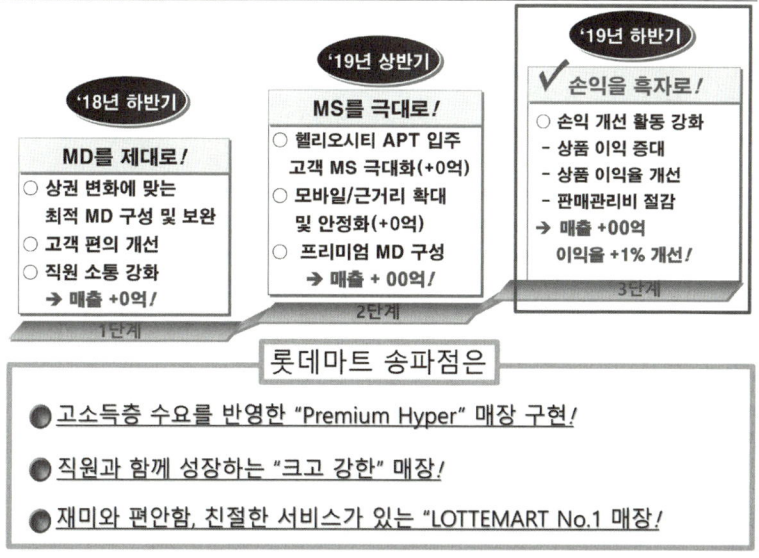

송파점의 Vision 공유

믿었던 대표님의 이동

하지만 나를 지지해 주신 대표님께서는 그해 겨울을 마지막으로 다른 계열사로 이동하셨다. 대표님께서 가시면서 마지막으로 당부하신 메시지가 생각난다.

> "그간 스스로를 믿고 몰입해 준 김 점장에게 감사한 말씀을 드립니다. 결코 먼저 포기하지 마시고 시간이 좀 걸려도 끝까지 해주세요~"

그래서 나는 송파점에서 이후 3년 동안 내가 할 수 있는 모든 것을 동원하여 최선을 다했다. 지금 아쉽다고 말해도 아무런 의미가 없겠지만, 송파점이 흑자로 전환될 몇 가지 기회 요소였던 헬리오시티 1만 세대 입주(1차 상권), 온라인 성장(특히 송파점은 온라인과 오프라인을 같이 이용하는 고객 구성비가 전국 최고였다), 입주하고 있는 빌딩 증축 이슈 등을 잘 활용하지 못한 점이 너무 안타깝다.

만일 대표님께서 1년만 더 계셨다면 이러한 기회를 극대화하는 데 많은 도움이 되었을 것으로 생각한다. 그래도 마지막으로 대표님께서 가시기 전에 송파점 식품매장의 일부 환경 개선을 할 수 있도록 승인해 주시어 그다음 해 송파점의 영업 환경을 개선하는 데 엄청난 도움이 되었다.

보낸사람 : 김용운 점장/송파점
보낸시간 : 0000-00-00 16:10:00
받는사람 : 000 대표이사/본사

대표님!! 안녕하십니까?

가신다는 소식접하고 아쉬움이 많았는데, 직접 소식을 접하니 더욱 서운합니다.

그 동안 부족하고, 미흡한 일개 점장의 다양한 활동을 믿고 지지해주신 것 잘알고 있습니다.
항상 마음속 깊이 간직하겠습니다.

보낸사람 : 000 대표이사/본사
보낸시간 : 0000-00-00 20:34:40
받는사람 : 김용운 점장/송파점
제목 : Re:RE: 롯데마트 미래와 새로운 출발을 향하여

고마워요~ 진급은 오보입니다.
그간 스스로를 믿고 몰입해 준 김점장에게 감사한 말씀을 드립니다.
결코 먼저 포기하지 마시고 시간이 좀 걸려도 끝까지 끝까지 해 주세요~
건강 잘 챙기시고~^^
==========================
MIDAS M 모바일에서 발송한 메일 입니다.
==========================

대표님과 마지막 메일

진정성 있는 소통리더십을 마음에 새기다

무엇보다도 대표님의 낮은 자세로의 소통에 나는 큰 감동을 하였다. 회사의 수많은 난제 속에서 한 매장의 풀리지 않는 문제를 해결하고자 한 번도 개인적으로 만나거나 대화를 나눈 적이 없는 일개 점장에게 직접 당신의 고민을 털어놓으시고 진심으로 말씀하셨을 때, 아마도 감동과 강한 동기부여를 받지 않을 사람은 아무도 없을 것이다. 나는 이것이 바로 소통의 리더십이라고 생각했다.

이후 나는 진정성 있는 소통이야말로 내부 고객인 구성원을 움직일 수 있는 원동력이라는 것을 알게 되었고, 이를 통해 롯데마트를 찾아주시는 고객까지도 감동하게 할 수 있다는 것을 몸소 체험한 것이다.

특히 우리 유통 서비스업은 고객과의 직접적인 소통을 피할 수 없다. 매장에서 고객 맞이, 배웅 인사, 시즌을 제안하는 상품 진열, 고객의 주머니 사정을 고려한 행사 가격, 그리고 우리의 상품과 서비스에 대한 불만족 등 다양한 상황을 통해서 소통은 일상적으로 일어난다.

점장으로서 가장 중요한 임무가 바로 고객의 눈으로 끊임없이 소통하는 것이다. 그러면 현장의 많은 난제 중 풀리지 않을 문제가 없다. 현장에서 모든 근무자는 각자의 마음속에 답을 알고 있기 때문이다. 리더는 경청을 통해서 답을 찾아내고, 실행하는 역할이다.

먼저 포기하지 마시고…

나는 대표님께서 마지막으로 남긴 이 한마디, "먼저 포기하지 마시고…."에 송파점의 새로운 도약을 위해서 쉼 없이 달렸다.

그리고 끊임없이 송파점의 문제를 해결하기 위하여 송파점을 찾아주시는 고객, 내부 고객뿐 아니라 내가 소통할 수 있는 모든 사람을 만나고 개선하고자 최선을 다했다.

이후 개인적으로 인연이 있는 롯데 홈쇼핑 대표를 역임하신 K 대표님을 찾아뵙고 자문을 받은 적도 있었다. 이때 K 대표님께서도 "고객이 우리 송파점에 대해서 무엇을 기대하고 있는지, 왜 돌아서고 있는지 깊이 고민하고 회사에만 의존하지 말고 점장이 스스로 문제 해결의 책임자로서 적극적으로 소통할 것"을 강조하셨다.

즉, 직접 책임자를 만나서 주체적으로 임하고, 필요하다면 대표님께도 해결 방안을 보내고 면담을 요청하라고 당부하셨다. 또한 송파점이 입점해 있는 빌딩 증축 이슈는 좋은 전환점이 될 수 있으므로 그 기회를 활용하라고 당부하셨다.

나는 그 이후로 담당 임원께 점장이 생각하는 송파점의 개선 방안에 대해서 장문의 보고서를 작성하여 관심을 요청하였다. 빌딩 증축 건을 우리 롯데마트에 유리한 방향으로 이끌어 가고자 관련 업체 및 본부 담당자와도 수많은 소통을 하였지만 해법을 찾지 못했다. 하지만 나는 포기하지 않고 현장에서 할 수 있는 모든 활동을 통해 지속적으로 도전하였다.

"토요 통큰 장날" 고객과 현장의 소통

> 점장의 역할은 점 내부에 숨어 있는 에너지를 끌어내는 것이다.
> 1%이든, 2%이든 찾아내어 점에서 실현된다면, 이것은 성과로 바로 이어진다.

얼마 전 생각지도 못한 전화가 왔다. 전화번호 메모는 '부산 아지매'로 등록된 송파점 고객으로, 올림픽훼밀리타운에 사시는 분이다. "점장님 잘 지내시죠? 매장에 왔다가 생각나서 전화드렸습니다. 아직도 제주점에 계십니까?" 그러면서 잠시 통화했다. 당시 송파점에서 즐겁게 영업하였던 기억이 새롭게 소환되었다.

요즘은 일선 현장의 점장으로 매장을 운영하기 위해서는 마케팅 활동이나 영업 활동이 힘들거나 재미없으면 안 된다. 쇼핑하는 고객이나 업무를 실행하는 구성원들에게도 일은 재미있어야 한다. 그렇지 않으면 효과가 반감된다. 말하자면 재미와 즐거움이 5% 좋아지면, 결과는 10% 이상 좋아지는 성과로 이어진다. 지금까지 마트 점장으로 있으면서 가장 좋은 성과를 냈고, 많은 즐거움이 있었으며, 이후에도 담당들과 고객 모두에게 좋은 기억으로 남은 대표적인 점 자체 소통마케팅 활동은 2019~2021년 동안 실행한 송파점의 '토요 통큰 장날'이다.

반면에 비용은 가장 적은 투자였으므로 소위 말하는 ROI(Return On Investment, 즉, 투자액에 대한 수익률)는 최고였다고 말할 수 있다. 이는 당시 송파점 담당들의 열정의 산물이라고 해도 과언이 아니다. 지금도 그때를 생각하면 미소부터 지어지며, 송파점 담당들을 만나면 가장 기억나는 일이었다고 말한다.

그러면 송파점의 '토요 통큰 장날'의 성과가 좋았던 이유는 무엇일까? 어떻게 준비하고 진행하였는지 정리하면 다음과 같다.

솔직한 소통으로 매장 내부의 에너지를 끌어내다

점장의 역할은 점 내부에 숨어 있는 에너지를 끌어내는 것이다. 당시 송파점은 나의 점장 생활 통틀어 최고의 인적 자원을 가지고 있는 매장이었다. 점장도 깜짝깜짝 놀랄 정도로 기대 이상의 성과를 보여주었다. 점장 입장에서 이만큼 더 행복한 일은 없을 것이다. 결과 기대치가 100이었다면 150 이상을 보여주었다. 정말 대단한 담당들의 역량이었다.

그래서 송파점의 어려웠던 영업 환경을 극복하고자 구성원들과 여러 번의 토론과 협의 끝에, 점 자체적으로 재미있으면서 효과적으로 성과를 낼 수 있는 방법을 고안했다. '토요 통큰 장날'을 격주 단위로 한 달에 두 번 운영하기로 한 것이다. 매장의 기본 관리를 유지하고 운영해야 하므로 한 달 주말 중 딱!! 두 번만 나머지 에너지를 쏟아붓기로 했다.

그리고 이것을 계기로 전체 담당들과 한 팀으로서 결속력도 향상시키고, Small Success, 즉 작은 성공체험을 통하여 조직의 자신감과 성취감을 쌓아나가게 된다면, 이는 송파점 실적 개선의 전환점이 될 것으로 생각했다. 결과는 대만족이었다. 항상 목표 매출 달성률 90% 이상 하기에도 힘들었던 매장에서 적어도 두 번의 주말은 100% 이상 성과를 내는 기염을 토했다. 이것은 전체 매출의 견인차가 되어 점에 활기를 불어넣기 시작했다.

토요 통큰 장날 로고

"토요 통큰 장날" 오픈 준비는 신나는 트로트와 함께

오픈 준비 중 전 직원이 즐길 수 있도록 오픈 전 9:00~9:30분 사이에는 점내 방송을 통해서 임영웅, 나훈아, 조용필 등 트로트가 30분간 신나게 울려 퍼진다. 당시 영업 총괄을 맡았던 S 대리가 최근 통화에서 대뜸 한 말이 "점장님이 토요 통큰 장날 아침 오픈 전에 왜! 트로트 선곡을 고집하였는지, 지금 좀 이해 갑니다."라고 하면서, 어머니 세대들이 임영웅 콘서트를 열심히 찾아다니는 것을 보고 이해하게 되었다고 했다.

당시 S 대리는 BTS의 노래를 선곡해야 한다고 주장했는데, 나는 오로지 트로트를 고집하였기에 기억난다. 그래도 7:3 비율로 BTS 음악도 선곡했다. 현장의 고객 접점에서 일하는 내부 고객 즉, 구성원들의 마음이 즐겁지 않으면 행사의 성과도 기대 이상 나올 수 없다는 것을 오랜 점 생활과 많은 행사를 치르면서 알고 있었기 때문이다.

나는 행사의 성공을 끌어내기 위해서 구성원을 원팀(One-Team)으로 만들어야 했다. 그리고 '원팀으로 교감하고 소통할 수 있는 매개체로서 어떠한 방법이 있을까?' 고민 끝에 장사하는 마음과 흥을 한데 모을 수 있는 즐거운 노래 트로트를 매장에 울려 퍼지게 하였다. 그 효과를 간단하게 정리하면 다음과 같다.

첫째는 점의 모든 구성원에게 오늘은 '토요 통큰 장날' 행사가 있는 날이라는 것을 전달하는 메시지로 활용하였다. 만일 점장이 부점장, 또는 파트장을 통해서 행사가 있으니 철저히 준비하라고 다시 한번 강조한다면 구성원들의 표정은 굳어질 수밖에 없을 것이다.

둘째는 구성원이 행사를 준비하는 마음을 즐거운 축제의 날이라는 이미지로 만들고 싶었다. 이왕 해야 할 일이라면 즐겁게 하자는 것이 나의 의도였다. 매장에 흥이 있으면 오는 고객도 즐거움을 금방 느낄 수 있다. 그러면 매장은 선순환으로 이어진다.

셋째는 목표의 공유였다. 나는 서비스 담당에게 당부했다. 방송을 내보내기 전에 꼭! "오늘 우리가 준비한 토요 통큰 장날입니다. 다 함께 파이팅하세요."라는 방송 멘트를 하고 음악을 내보내도록 했다. 나훈아, 조용필, 임영훈 등 트로트가 30분간 신나게 울려 퍼진다. 이는 오늘도 꼭 목표를 달성할 수 있도록 최선을 다해줄 것을 당부하는 마음이었다.

구성원들의 숨은 끼를 발산하다

토요일 아침에는 영업 부점장이 '전단 읽어주는 남자'라는 테마로 방송실에서 고객 대상 행사 방송을 재미있게 진행하도록 하였다. 이렇게 하다 보니 담당별로 행사 효과 극대화를 위한 방법으로 다양한 아이디어를 냈다. 이것이 진화하고 발전되어 '토요 통큰 장날 쇼핑 DJ'를 운영하게 되었다. 담당별로 농산, 수산, 가공, 조리 등 코너에서 대표 상품의 전단 행사 상품 방송을 녹음하여 영업 총괄에게 전달하면, 영업 총괄은 주기적으로 행사 상품 방송을 송출하여 매장의 행사 분위기를 신나는 축제 분위기로 만들었다.

여기에서 더욱 발전한 것은 영업 총괄이 매장 입구에 있는 대형 TV로 동영상을 준비하여, 행사 기간 동안 방영하도록 한 것이다. 이러다 보니 토요 통큰 장날은 마치 '마트 내 도시형 시골 장날'과 같은 분위기가 났으며, 행사 실적은 항상 100% 이상 초과 달성으로 점 실적을 개선하는 데 큰 견인차 역할을 하였다.

물론 실행하는 담당들은 힘들었지만, 지금도 모두가 회자하는 즐거운 행사였으며 만족도가 컸던 행사로 기억된다. 특히 방문하시는 고객, 내부 직원, 파트너사 구성원까지 만족하는 즐거운 행사였다. 나는 당시 송파점 담당들에게 다시 한번 감사하다고 전하고 싶다. 무엇이든지 실행하면 기대치 이상의 성과를 보여주었으며, 스스로 업무를 진화시키고 발전시켜 주었다.

나는 롯데마트 전 담당들의 마음이 동일하다고 생각한다. 우리 롯데마트 모든 담당들의 잠재력을 5%만 끌어올리면, 투자 없이 경쟁력 10%를 개선할 수 있다고 확신한다.

토요 통큰 장날 홍보 방송영상

장날의 효과를 더하는 다양한 이벤트

장날은 역시 시식 뷔페

처음 착안은 이왕 하는 시식을 한곳에 모으면 멋진 뷔페식당과 같아 고객님께도 기억에 남는 이벤트가 될 것이며, 장날의 분위기를 띄우는 데는 먹거리가 빠질 수 없다는 취지였다. 그렇게 준비한 메뉴는 20여 가지가 되었던 것 같다. 농산, 수산, 축산, 조리, 가공식품의 각 코너에서 한 가지씩만 준비해도 어마어마한 뷔페 못지않았다.

예를 들면 농산에서 과일 2가지, 수산에서 데친 오징어회, 축산에서 불고기 등등 한두 가지 준비하는 것은 어렵지 않다. 단, 이것을 하나의 큰 이벤트로 모아내는 것이 중요하다.

그러면 효과는 극대화된다. 뷔페 진행은 가장 피크타임인 3~4시에 영업 부점장과 영업 총괄이 주도적으로 코너별 담당들과 소통하여 준비하고, 진행은 지원 부서에서 시식 관련 앞접시, 젓가락, 테이블 등 소품의 준비와 시식 이후 뒷정리까지 분담하였다. 중앙방송에서 시식 뷔페 안내가 나가면, 고객의 대기 줄이 100여 명에 이르며 장사진을 쳤다. 고객, 담당 모두가 만족하는 멋진 이벤트로 기억에 남았다.

그리고, 타임 세일

타임 세일이라고 하면, 대부분 점에서 경험하였기에 그게 뭐 대단한 것이냐고 할 수 있다. 하지만 우리는 좀 더 재미의 요소와 이벤트성을 강화하는 방법으로 진행하였다. 영업 부점장과 영업 총괄이 이벤트 책임자를 맡아 타임 세일의 순서를 정하고 시간대별로 진행했다. 11시부터 18시까지 7~8개 코너에 각각 단품 하나씩 준비하면 기본 영업 업무에 큰 지장 없이 준비할 수 있다.

코너별로 준비한 타임 세일의 효과를 극대화하기 위해서, '쇼핑 DJ'인 영업 총괄 담당이 오케스트라를 지휘하듯이 하나의 프로그램으로 하루 종일 진행하여, 고객이 어느 시간대에 매장을 방문하든 타임 세일 혜택뿐 아니라 분위기를 느낄 수 있도록 운영했다. 이러한 토요 통큰 장날은 송파점의 우수한 담당들이 있었기에 가능하였다.

모든 매장에 "토요 통큰 장날" 같은 행사를 제안하는 것이 아니다

모든 매장에서 이러한 자체 행사를 해야 한다고 주장하는 것이 아니다. 마트 점장으로 각 점에서 경험한 것을 생각해 보면, 각 점이 가지고 있는 가능성은 반드시 있다. 하드웨어이든, 내부 직원의 역량이든, 아니면 영업 환경 측면이든 반드시 찾아낼 수 있다. 예를 들면 제주점 영업 환경의 측면에서 가장 큰 잠재력은 도서 지역이라는 것과 지역 상권의 고객뿐만 아니라, 관광객(1년 중 1,300만 명 이상 방문)이라는 덤도 있다. 점장은 이러한 현장의 정보를 영업의 영향력으로 잘 활용하면 된다.

또한 전체 매장을 운영하는 대표님 임원분들의 입장에서 보면 당장은 표준화, 규격화되어 있는 업무가 전 지점에서 적용되고 확산되면 최고이다. 하지만 매장의 잠재력이 100이라고 가정한다면, 본사에서 제공하고 지원할 수 있는 역량은 잘해야 90% 수준이다. 나머지 숨어 있는 10% 정도는 현장의 점장과 담당들만이 해낼 수 있는 일이다.

한 예로 제주점에 부임하였을 때, 처음 매장을 둘러보고 매장에 금덩어리가 널려 있는 느낌을 받았다. 이러한 경우에는 자체적으로 별개의 마케팅 활동이 중요한 것이 아니라, 기존에 있는 잠재력을 최대한 활용하여 현장 영업에 집중하는 것으로 전략을 수립하였다.

롯데마트 매장과 구성원들의 잠재력은 여전히 10%는 숨어 있다고 생각한다. 1%이든, 2%이든 찾아내어 점에서 실현된다면, 이것은 성과로 바로 이어질 것이다.

업의 본질

> 1~2시간 이내 가능한 모바일 배송 상권에 5~6시간 경과하여 배송하는 것은 '고객 관점에서 업의 본질'과 맞지 않다고 지적하셨다.

그해 7월 마지막 날은 아직도 잊을 수가 없다. 송파점에 부임한 지 1년 되었을 때이다. 그룹의 담당으로부터 연락을 받았다. 지금 부회장님께서 송파점으로 출발하신다고 했다. 송파점은 잠실에서 가까우며, 마트 본사뿐 아니라, 그룹사도 가까이 있어 항상 이렇게 연락을 받는다. 그래서 송파점장으로서는 일상적인 경우이므로 담담하게 대기하고 있었다.

이날 이슈는 '송파점을 어떻게 정상화할 수 있겠느냐?'였다. 앞에서도 언급하였듯이, 롯데마트로 전환 이후 지속적인 실적 부진으로 회사에 악영향을 미치고 있어서 대표님뿐 아니라 그룹에서도 관심이 많은 매장이었다. 물론 매장 규모도 롯데마트 내 BIG 5에 들어가는 큰 매장이기도 하였다.

나는 1년 전 송파점에 부임하고, 전년도 K 대표님으로부터 특별한 메시지도 전달받았다. 그러나 대표님께서 12월에 이동하시어 점장의 입장에서는 동아줄이 끊긴 상태였다. 지난 1년간 백방으로 뛰면서 점장이 할 수 있는 노력으로 정상화할 수 있는 방법을 찾고자 최선을 다하고 있었다. 그런데 부회장님께서 방문하신다기에 마음속으로 송파점을 살리기 위한 생각을 정리하고 있었다. 아니나 다를까? "점장이 생각하기에 송파점을 살리기 위해서는 어떤 것이 필요하냐?"고 질문이 들어왔다. 나는 3가지를 말씀드렸다.

온라인을 다시 송파점에서 운영하도록 해주십시오

이 점에 대해서는 부회장님께서 먼저 질문을 주셨다. "김 점장, 지금 송파점 온라인 운영을 어떻게 하고 있나?"라고 하셨다. 온라인 운영은 3개월 전인 5월부로 김포 신선 센터로 이관되었으므로 머뭇거리고 있었다. 그러자 K 임원께서 말씀하셨다. 김포 센터 활성화를 위해서 송파점과 서초점의 온라인 주문을 모두 이관하였으며, 김포 센터 가동률이 상당히 개선하였다고 말씀하셨다.

그러자 부회장님께서 깜짝 놀라시며, 그것은 말이 안 된다고 했다. 1~2시간 이내 가능한 온라인 배송 상권에 5~6시간 경과하여 배송하는 것은 '고객 관점에서 업의 본질'과 맞지 않다고 지적하셨다. 점장이 듣기에 너무 시원한 말씀이었다. 그리고 점장은 어떻게 생각하냐고 질문하시어, 만일 송파점에 다시 온라인 운영이 돌아온다면 점장으로서는 너무 큰 힘이 될 뿐 아니라, 실적 개선의 전환점으로 삼을 자신이 있다고 말씀드렸다. 특히 '고객 중심 사고', '업의 본질'과 맞지 않다고 하시는 말씀에 역시 다르시다고 생각했다.

**현재 매장 4개 층 중 한 층을 줄이면,
과다한 임대료 부담을 크게 줄일 수 있다**

월 임대료가 전체 영업 이익액에서 차지하는 비중이 상당한 수준으로 지금의 임대 구조로는 영업 이익을 개선할 수 없다고 말씀하시며 점장의 생각을 물어보셔서 나는 미리 생각해 둔 것을 말씀드렸다. 지금 매장 4개 층 중 지상 1, 2층은 아울렛 중심이어서 지금 유통 트렌드에는 맞지 않으므로 임대 조건을 변경할 수 있도록 건물주와 협상하여, 2층에 해당하는 한 층을 줄이면 적자가 줄어든다고 보고했다. 그러자 부회장님께서 건물주가 우리 롯데그룹을 상대로 임대 변경을 통한 임대면적을 줄여줄 리가 없으므로 그룹의 관계사를 2층으로 입주하는 방향으로 검토하라고 K 임원께 지시하셨다.

나는 머리가 쭈뼛이 서는 것을 느낄 정도로 감동적이었다. '그래! 이거야.' 이런 것은 역시 최고 경영자가 와서 해결할 문제라고 생각하고 너무 기뻤다. 그리고 1층에는 푸드코트 등 지역 내 맛집을 입점하는 방향으로 고민해 보자고 하셨다. 송파점 맞은편에 서울의 대표적 수산물 식당의 명소인 가락시장 회 센터가 있으므로, 시너지를 낼 수 있도록 준비하는 것이 좋겠다고 하셨다. 그래! 역지사지의 마음으로 고객의 관점에서 생각하면 쉽게 답을 찾을 수 있다. 부회장님은 나를 흥분하게 해주셨다.

"현장에 답이 있다." 이 말은 지금까지 직장생활을 하면서 가장 많이 듣고 실천하고자 했던 모두의 명제이다. 나는 부회장님과 함께하는 동안, 진심으로 현장에서 답을 찾고자 하시는 겸손한 태도에 대해 많이 배울 수 있었다.

영업 투자가 가능하도록
그룹 차원에서 지원해 줄 것을 요청

추가로 최소한의 투자가 허용된다면 10년 이상 낡은 매장 콘셉트를 일부만이라도 개선하고, 앞서 다룬 온라인 운영과 2층 영업 면적 조정 이슈가 원만히 해결된다면, 흑자전환도 가능하다고 보고했다. 그러자 부회장님은 동행한 유통 담당 K 임원에게 "점장이 좋은 아이디어를 가지고 있네."라고 하시면서, 이런 문제점을 대표와 점장 간의 회의 시간에 논의할 수 있지 않냐고 하셔서, 나는 머뭇거릴 수밖에 없었다.

사실 나는 담당들과 송파점 흑자전환 방안을 해마다 작성하여 보고했다. 하지만 안타까운 점은 당시 회사 분위기로는 점장의 이러한 목소리에 귀를 기울여 주지 않았을 뿐 아니라, 송파점에 대한 관심도 없었다. 이렇게 현장을 직접 방문하시고, 송파점 지하 2층 푸드코트에서 부회장님, K 임원, 점장, 영업 총괄과 함께 점심을 같이 한 것은 매우 드문 일이었다. 당시 영업 총괄을 맡았던 S 대리는 지금도 가장 기억에 남는 송파점 일화로 이날을 말하곤 한다.

이렇게 모든 것이 잘될 것만 같은 송파점 운명의 여신은 손만 내밀고 떠나가 버렸다. 안타깝게도 그로부터 2주 후 8월 14일, 광복절 전날 9시 뉴스에서 부회장님의 퇴임 발표를 보았다. 점장으로서 너무 안타까웠다.

다시 한번 더 부회장님을 찾아뵈다

예상했지만 그 이후에 송파점에 대해서 아무런 업무 진행이나 추가 조치 없이 그렇게 시간만 흘러갔다. 정말 안타까운 것은 이후에 많은 임원이 방문했지만, "어떻게 하면 되겠느냐?"는 질문보다 "왜! 매출이 안 좋냐?"라고 실적 부진에 대한 질책만 계속된 것이다. 점장의 입장에서 보면 이것은 결품이나 상품 진열 관리 등 단순한 매장 관리의 문제가 아니었다. 말하자면 한쪽 둑이 무너지고 있는데, 논바닥만 보고 다그치는 격이었다.

특히, 현장과 고객 중심으로 함께 고민하고 답을 찾고자 하는 진정한 소통이 없었던 것이 너무 안타까웠다. 점장뿐 아니라 매장에 근무하는 구성원들도 고객이 왜 발길을 돌리는지 말하지는 않지만, 너무 잘 느끼고 있었다.

너무나 답답해서 그해 잠실에 계시는 부회장님 사무실로 다시 찾아뵈었다. 그때 송파점에 오셔서 말씀해 주신 해결책은 점장이 생각하는 최고의 방안이라고 생각해, 한 번만 더 도와주시면 좋겠다고 머리 숙여 요청하였다. 그러자 부회장님께서 흔쾌히 받아주시고, 기회가 되면 챙겨보겠다고 말씀해 주셨다. 그리고, 감사하게도 여러 측면으로 지원해 주시며 많이 애써주셨다.

하지만, 회사 내에서는 아무런 변화 없이 시간만 흘러갔다.

지금 송파점은 내가 근무할 때보다 더 실적과 경쟁력이 좋지 않다고 들었다. 지금까지 근무한 많은 매장 중에 가장 아쉬운 매장이다.

전 직원들이 진심으로 함께한 시간

모두가 새로운 희망으로 가득 차 있었다. 그렇게 작은 변화였음에도 불구하고 우리는 모두 천지개벽한 것처럼 좋아하고 기뻐했었다.

구성원들의 노력

내가 송파점에 부임한 지 1년 6개월 되었을 때 담당 임원께 보낸 메일이다. 나는 어려운 송파점에서 전 직원들과 합심하여 노력한 결과를 말하고 싶었으며, 의미 있는 진전으로 희망을 말하고 싶었다.

> **By e-mail**
>
> 상무님!! 안녕하십니까?
> 송파점의 의미 있는 소식과 함께 감사 인사 드리려고 합니다.

▶ 금월 마감 매출 보고

* 전년 대비 +0.7%(직매입 +4.4%) 신장 성과입니다.
→ 사실, 지난 10년 만에 처음으로 매출 신장이라는 터닝포인트를 만들었습니다.
→ 단, 온라인 철수로 전체 매출 역신장으로 다소 아쉬움이 있었습니다.
→ 성과의 원동력은 상무님의 지원으로 진행한 매장 상품 개편이 있었기에 가능했습니다.
→ 송파점이 지속적으로 우상향하는 성과를 낼 수 있도록 최선을 다하겠습니다.

▶ 추가로 점에서 진행하고 있는 활동 보고드리겠습니다.

1. 아이몰: 의류 브랜드 인터넷몰
1) 오픈: 11월
2) 진행업체: 입점 업체 20개 → 송파점 입점 브랜드 중 30% 진행
3) 현 등록 상품 건수: 350여 건
4) 매출: 00만 원 → 신규 오픈 채널로 매장 실적 개선에 도움이 되도록 하겠습니다.

2. 헬리오시티 게시판 내 송파점 전단 홍보
1) 목적: 신규 상권 공략을 통한 객 수 확대
2) 전단 축소판 아파트 출입구 게시판 게시
- 전단 디자인: 마케팅팀 협조
3) 10월 말 기준 헬리오시티 상권 점유율
- 고객 점유율: 30%(3,000세대), 매출: 0억/월
4) 목표 고객 점유율: 고객 60%, 매출 0억/월 → 20년 상반기까지 올리겠습니다.

3. 토요 통큰 장날 + 통큰 브랜드 데이 → 1, 2층 브랜드 행사 Boom-up을 통한 활성화

4. 신규 브랜드 입점(성인 이지 캐주얼)
1) 입점 진행 → 기존 의류 브랜드 철수 후 신규 입점
2) 목표: 00백/월 → 기존 의류 브랜드 대비 20% 개선 기대
4) 초기 안착해서 실적 개선되도록 점주와 협력하겠습니다.

5. 푸드코트 공실 개선: 2곳 입점 확정
1) 업체: OO칼국수, 수육백반(한식)
2) 오픈: 12월 중
3) 추가 오픈: 돈가스집 1월 예정 → 공실 3곳 마무리되면 지상층 활성화에 큰 역할을 할 것으로 생각합니다.

저는 지난 6월 소규모 리뉴얼 성과를 보고 자신감이 생겼습니다. 송파점이 잠실과 가든 5(위례 스타필드 포함) 상권 사이에서 고전하지만, 고객의 Needs를 정확히 읽고, 송파점의 틈새 전략을 잘 찾는다면 작은 투자로 지금보다 10~20% 이상은 충분히 개선할 수 있는 상권이라고 생각합니다.

내년의 희망을 말씀드릴 수 있는 것은 올해 상무님께서 송파점에 지원을 해주셨기에 가능했습니다.

송파점장 드림

매장의 작은 변화는 구성원들에게 희망이 된다

송파점에 부임하고 첫 1년 동안은 너무 힘들었다. 다른 사람들에게 말하면 어떻게 들릴지 모르지만, 내 인생을 통틀어 이렇게 열심히 일해본 적이 없었던 것 같았다.

내가 할 수 있는 모든 시간과 역량, 그리고 진심을 다하여 변화의 전환점을 만들어 보고자 뛰었다. 그중에서 가장 기억에 남는 것은 부임 2년 차 5월에 진행된 지하 1층 식품매장의 작은 매장 리뉴얼이다. 전체 약 0억 규모의 투자 금액으로 추진한 것이나 효과는 상상 이상이었다.

당시 송파점은 GS마트에서 인수되기 전 2009년도에 진행된 전면 리뉴얼 이후로 10년 가까이 큰 투자나 변화가 없어 낡고 노후한 이미지가 가장 큰 문제였던 것으로 기억난다. 지하 2층 식품매장의 층고는 낮은데 천정의 찌든 때가 심해서 시꺼먼 상태였으며, 가공식품의 진열 매대는 낡아서 무너질 정도였다. 물론 조명도 어두워 매장은 침침한 분위기 그대로였다. 반면에 매장 전체 매출의 50%가 지하 2층에서 발생했기에, 식품매장 리뉴얼은 꼭 필요한 조치였다.

그래서 나는 다른 모든 것을 접어두고서라도 지하 2층 매장의 분위기를 전환해야겠다고 결심했다. 그래서 점장 회의 때 조용히 상품 기획 부문장님을 찾아가서 부탁했다. "송파점에 딱 소액 투자 하면 제가 매출 00억 개선으로 보답하겠습니다." 그러니 부문장님께서 웃으며 검토해 보겠다고 답변을 주시고 리뉴얼이 시작되었다.

매장 리뉴얼 기획 과정의 주안점은 다음과 같았다. 1) 송파점에서 아직 운영하지 못하고 있었던 즉석조리 코너 신규 입점과 2) 냉장·냉동식품 트렌드를 반영한 냉동 매대 추가를 위한 시설투자, 그리고 3) 매장 환경 개선이었다.

당시 매장 상품 개편 공정이 시작되는 과정에 참여한 구성원들은 힘들었지만, 표정은 신나는 모습 그대로였던 것을 지금도 가지고 있는 동영상에서 볼 수 있다.

모두가 새로운 희망으로 가득 차 있었다. 그렇게 작은 변화였음에도 불구하고 우리는 모두 천지개벽한 것처럼 좋아하고 기뻐했었다. 물론 고객의 반응도 좋았다. 무엇보다도 매장이 밝고 활기차게 변하게 되었다. 물론 실적도 매우 상승하였다.

신규 입점한 즉석조리식품 코너는 단번에 월 1억 이상의 실적을 신규로 발생시켰으며, 냉장 코너 확대와 와인 코너 이동 시너지로 전체적인 개선 효과는 점 전체 5% 수준으로 상당했다. 그리고 담당들은 다시 과거의 영광을 되찾을 수 있을 것으로 기대했다.

거대한 상권의 탄생은 신기루같이 사라지고

송파점 담당들에게 믿을 구석이 있었던 것은, 인근 1km 지점에 당시 전국에서 단일 아파트 단지로는 가장 큰 1만 세대 아파트 단지 입주가 있었기 때문이다. 과거 가락시영아파트 6,600여 세대를 재건축하여 1만 세대의 신규 아파트가 입주하기 시작하고 있었기 때문이다.

이곳은 송파점이 처음 생길 때부터 핵심 상권으로 관리돼 오는 곳으로, 새롭게 입주가 시작되는 초기에 우리의 고객으로 확보하기 위해서 입주 전부터 점의 사활을 걸고 모든 노력을 해왔던 곳이었다. 아니나 다를까? 거대한 아파트 단지답게 매월 일반 아파트 단지 규모인 약 1,000세대씩 입주가 진행되는 만큼, 우리 매장으로 유입되는 고객들이 눈에 띄게 늘어나고 있었다.

특히, 온라인 상품 주문은 직접 배송하기에 더욱 정확하게 알 수 있었는데, 주간 단위로 주문 고객들이 늘어나고 있었다.

하지만, 이러한 곳에 찬물을 끼얹는 결정으로 다시 주춤해질 수밖에 없었다. 현장과 고객을 전혀 생각하지 않는 안타까운 결정이었다고 생각한다.

매장 리뉴얼이 끝나기 전, 그리고 인근 대단지 아파트의 입주가 50%를 넘어서는 시점에서 송파점에서 운영하는 온라인 부문을 완전히 철수하게 되었다. 점 매출 목표관리 데이터는 온라인 고객을 제외하고 나머지만 보면 된다고 하지만 현장에서 느끼는 고객의 이탈과 반발 그리고 구성원들의 허탈감은 단지 수치와 분석적인 관점과 달리 이루 말할 수 없이 크게 느껴졌다.

이 문제는 2020년도에 발생하는 코로나 팬데믹으로 이어지면서 더욱 아픈 상황이 되고 말았다. 거리두기가 시행되고 외부에서 식사와 모임을 할 수 없게 되면서 비대면 온라인 업계는 급성장하였고, 온라인 주문 배송을 하는 대형마트 신선식품과 식자재 코너 등에는 오히려 새로운 성장의 계기가 되었다.

그렇게 온라인 활성화가 물거품 되어, 매장 리뉴얼과 신규 상권 확대 시너지를 통한 송파점 재도약의 기회도 힘들어졌다. 돌고 돌아 3년 후에 다시 송파점에 모바일 운영권이 돌아왔지만, 철수할 때 규모의 1/2 수준으로 줄어들었다. 그 과정에서 거대한 1만 세대 상권은 우리에게 신기루같이 사라졌다.

헬리오시티 1만 세대 신규 입주(2019년)

송파점의 진전은 멈추지 않았다

하지만, 송파점 구성원들의 도전은 멈추지 않았다. 짝수 토요일은 '토요 통큰 장날'이라는 깃발 아래 모두 신나게 각자 맡은 부분에서 열심히 장사하고 지원하면서 뛰어다녔다. 그리고 1, 2층 매장 수많은 입점 업체 중에서 의류 브랜드 매장들은 '통큰 장날' 행사에 맞추어 '통큰 브랜드 데이'를 진행하여 시너지를 내주었다.

나는 구성원들과 재미있고 즐겁게 일하려고 많이 노력했다. 그중에서 가장 기억나는 것은 아침 오프닝 행사로 진행하는 전 구성원 몸풀기 에어로빅 경진대회이다. 지금도 생각하면 참으로 즐거웠던 것 같다. 이러한 활동으로 내부 단합과 스킨십을 통한 원팀의 기반을 마련하고자 했다. 파트별로 경진대회를 진행하면서, 참석인원 구성비, 창의성, 재미 요소를 가점으로 두고 경합을 벌였었다.

한 파트에서는 통일된 복장으로 군무와 같이 멋지게 하였으며, 서비스 코너에서는 여자 직원들이 많은 것을 활용하여 아름다운 댄스로 진행하였다. 이러한 과정에서 구성원들은 서로를 배려하고 격려하면서 더 단단하게 뭉쳤다. 송파점은 내가 근무한 모든 매장에서 가장 힘들고 재미있었으며, 의미 있었으며, 기억에 많이 남는 매장으로 기억된다.

제주점 1등 도전기

나는 제주점의 장점을 활용하여 구성원들에게 해낼 수 있다는 희망을 보여줘야 했다. 마치 영화 〈명량〉에서 이순신 장군이 절망을 희망으로 바꾸려는 고민을 계속한 것처럼, 점의 조직도 비슷하다.

한 사람의 비범한 노력과 능력보다는 전체 구성원들의 의지, 열정, 마음이 매우 중요하다. 앞으로 조직의 리더가 해야 하는 숙제이다.

도내 1등 매장 도전장

"지고는 못 산다. 내가 제주도에서 1등이다.
너희가 프로냐? 우리가 프로다."

제주점 도내 1등 도전 결의 대회

By e-mail

부문장님 안녕하세요?
점장이 제주점에서 한 달 동안 느낀 것은 오기 전에 알고 있는 것보다 제주점의 잠재력과 가능성이 매우 좋아 약간 흥분될 정도입니다. 부점장, 파트장과 논의하여 제주점의 도내 1등 매장 도전을 위한 슬로건을 아래와 같이 만들었습니다.
"지고는 못 산다. 내가 제주도에서 1등이다.
너희가 프로냐? 우리가 프로다."

상기는 Everyday New Store의 한 부분으로 제주점에 맞게 재구성했습니다, 제주점에 꼭 맞는 구호라고 생각합니다. 전년 경쟁사 대비하여 약 00억 차이 나지만, 절대 우위인 온라인 매출 확대와 리뉴얼을 통한 상품 혁신을 바탕으로 구성원들과 파이팅한다면 내년에는 이길 수 있을 것 같습니다. (중략)
이것으로 제주점의 현안과 점장 부임 후 여러 가지 생각하는 점을 보고 드립니다. 차근차근 준비하고, 구성원들과 소통하면서 실행하도록 하겠습니다.
그럼, 제주점에 오시면 뵙겠습니다.
감사합니다.

현장에서 답을 찾다

제주점장으로 부임하고 4주가 지난 시점, 파트장 미팅에서 "우리 제주점은 경쟁사를 이기고 도내 1등 매장으로 도전하겠다. 그리고 우리는 충분히 가능한 역량이 있으며, 매장의 영업 환경도 잘되어 있다."라고 발표했다.

처음 상기 목표를 전 직원들에게 선언했을 때 구성원들의 얼굴이 지금도 생생하게 기억난다. 마치 '점장님 액션이 좀 과하시네. 제주도 內 할인점 상황은 알기나 하고 저런 목표가 가능하다고 선언하나?'라고 황당하다는 표정으로 나를 바라보고 있었다. 제주점 경험이 많은 담당(오픈 이후 제주 연고 담당들의 발령이 없어 10년 이상 근무한 담당이 많았다)들의 입장에서는 당연히 그렇게 생각하고도 남을만하다. 제주도에는 5개의 할인점이 있으며, 우리나라 대표 브랜드 할인점은 초창기 일찍이 제주도에 진출하여 1998년도에 오픈한 구제주점이 있다. 이미 25년째 영업 중인 매장을 시작으로 이마트 3개 매장, 홈플러스 서귀포점 1개와 마지막으로 우리 롯데마트 제주점이 2007년 8월 오픈 이후 추가 오픈 없이 5개 할인점이 영업하고 있다. 롯데마트는 경쟁사와 같은 블록에서 250m 거리에 자리 잡고 있는 초경합 상권에 해당한다. 즉, 상권 전체를 공유하면서 경쟁하고 있다는 것을 의미한다.

우리 롯데마트는 15년간 영업하면서 경쟁점을 한 번도 이겨본 적이 없었다. 도내 부동의 1등 매장인 경쟁점뿐만 아니라, 다른 경쟁사도 이겨본 경험이 없었기 때문에 기존의 롯데마트 담당들의 마음에는 뛰어넘지 못하는 높은 장벽으로 머릿속에 기억되고 있었다는 것을 이해할 수 있었다. 하지만 신임 점장으로 부임한 나의 눈에는 기존의 선입관이나 고정관념 없이 상황을 객관적으로 볼 수 있었다. 이러한 점장의 생각을 구성원들에게 전달하기 위해서는 현장 구성원들과 소통이 중요했다.

신임 점장이 새로운 매장에 부임하면, 내부 직원들은 점장에게 뭐라도 한마디 하고 싶어 하며 그동안의 영업 과정에 대해서 다양한 정보와 경험을 쏟아낸다. 구성원들의 말을 경청하다 보면 그 속에 답이 있다. 부임하고 처음 매장에서 가장 많이 들은 것은 제주 사람들은 롯데마트를 롯데백화점으로 느끼고 있다는 것이었다. 그 이유는 우리 매장이 5개 층으로 제주도에서 단일 매장으로 가장 크며, 또한 3개 층이 의류 브랜드로 구성되어 있기 때문이다. 그리고 어린이날, 크리스마스 때에는 서귀포에서도 장난감을 구입하러 오신다. 그 외 롯데마트 축산 코너가 맛있다 등등이 있다. 그래서 나는 경쟁사를 넘어 제주 1등 매장이 될 수 있겠다고 생각했다. 제주점의 강점은 다음과 같다.

경쟁사를 확실하게 압도하는 상품과 토이저러스

'토이저러스'는 320평 규모로 제주도 內에서 최대 규모이다. 경쟁사 대비하여 월평균 매출이 약 5배 이상 압도하는 실적으로 어린이날, 명절에는 제주도 전역에서 고객이 방문할 정도로 집객력의 중심이 되고 있었다.

또한 제주점의 주요 고객 연령층인 30~40대가 50% 이상으로 젊은 고객 중심으로 아동 인구도 많아 효자 상품군일뿐만 아니라, 경쟁력 향상에 큰 도움이 된다. 그리고 제주도민은 롯데마트를 롯데백화점 이미지로 느끼고 있다고 한다. 우리 매장에서는 3~5층에 달하는 3개 층에 의류 브랜드 매장 53개가 운영되고 있었다. 이 또한 경쟁사를 2배 이상 압도하는 상품 구성이다. 특히, 아동 브랜드는 토이저러스와 시너지를 내며, 경쟁사를 압도하고 있다.

어린이날 붐비는 토이저러스 매장

기대 이상의 성과를 내는 농산, 수산, 축산을 포함한 신선식품

제주점에 부임하여 제일 놀란 점이 신선식품 경쟁력이었다. 특히 축산은 경쟁사 대비 압도적이었으며, 신선식품 경쟁력의 선봉장 역할을 하고 있었다. 그리고 대표님께서 부임 이후 신선식품 경쟁력 개선을 위해 큰 노력을 해왔던 효과로 고객의 인식이 많이 달라지고 있었다. 즉, "과일은 롯데마트가 제일 신선하고 맛있다."라는 입소문이 나오고 있었고 무엇보다도 농산, 수산, 축산 파트장이 든든했다. 이러한 결과, 코로나 상황이 오히려 우리에게 긍정적인 요인이 되었다.

또한 고객의 생활 패턴 변화로 식당 등 다중 이용 공간 이용이 어려운 상황이 되어 집밥 수요의 폭발적인 증가가 이루어지고 있었기 때문에, 비식품의 상품력이 강한 경쟁사보다 식품이 강한 우리 회사에 유리한 경쟁 구도가 형성되고 있었다.

그리고 기존에 20% 이상 차이였던 비식품 매출이 줄어든 덕분에 시장 점유율도 해마다 개선되고 있어, 경쟁사를 이기기에 좋은 기회 요소였다.

'위기를 기회로….'라는 말이 새삼 실감 나는 상황이었다.

도내 1등 과일, 축산 매장

탄탄한 제주점 담당들의 역량과 업무 실행력

제주점 담당들은 오픈 이후 큰 이동 발령 없이 15년 동안 함께 업무를 해왔던 시니어, 주니어 담당뿐 아니라, 동료 담당들 간에도 협력이 잘되는 조직력을 가지고 있었다. 특히 시니어 담당 중에는 누구 하나 미흡한 점 없이 자신의 업무에 최선을 다해주고 있어서 조직이 매우 안정적이었다.

이러한 상황은 점장이 업무를 추진하기에 더없이 매우 좋은 여건이다. 그리고 내가 제주점에서 많이 놀란 것은 주니어 담당 인원이 생각보다 적었으나, 업무 스킬과 역량이 매우 뛰어나다는 것이다.

축산 코너의 경우 현재 시니어, 주니어 인원 규모로 감당하기 쉽지 않은 매출 규모를 잘 짜인 팀워크와 숙련된 스킬로 전 사 4~5위 규모의 매출을 해내고 있었다. 가공식품의 경우에도 회사 내 유사한 매출 규모 매장에 대비하여 부족한 인원으로 운영되고 있었다. 거의 모든 코너에서 빠듯한 인원으로 운영되고 있어 적절한 인력을 보강한다면 실적 상승의 잠재력이 매우 높아 보였다. 이 또한 점장에게는 기회 요소로, 향후 이러한 제주점의 잠재적인 요인을 잘 챙긴다면 경쟁력 향상에 도움이 될 것이라고 판단했다.

"제주점에는 금덩이가 곳곳에 널려 있다."라고 농담을 할 정도로 점장의 눈에는 기회의 요소들이 가득 차 있었다. 자신감 있게 구성원들을 설득해 나간다면 만성적인 경쟁사에 대한 패배 의식으로 굳혀진 마음을 바꿀 수 있다고 생각했다. 그래서 다양한 노력으로 준비하고 하나하나 실행하는 전략을 만들어 나갔다. 사실 이러한 새로운 매장에서 숨어 있는 잠재력을 찾아낼 수 있는 것은 현장의 점장만이 할 수 있다. 현장에서 구성원들의 목소리를 경청하고 주변 상권을 둘러보고, 경쟁사와 관련 업체를 돌아보면서 찾아내야 하는 것이다.

더 중요한 것은 기존에 오랫동안 고착된 문화와 심리가 있는 구성원들이 공감할 수 있는 환경을 만들어 설득하는 것이다. 나는 제주점의 장점을 활용하여 구성원들에게 해낼 수 있다는 희망을 보여줘야 했다.

마치 영화 〈명량〉에서 이순신 장군이 절망을 희망으로 바꾸려는 고민을 계속한 것처럼, 점의 조직도 비슷하다. 한 사람의 비범한 노력과 능력보다는 전체 구성원들의 의지, 열정, 마음이 매우 중요하다. 앞으로 점장이 해야 하는 숙제이다.

제주점의 시급한 해결 과제

점장의 눈으로 보아도 현재 매장 담당들의 업무 중에 가장 크게 영향을 미치는 것이 해상 물류시스템이었으며, 가장 힘든 업무이며 충분히 공감되는 사안이라고 판단했다.

By e-mail

부문장님!!
우선 급한 업무 진행과 필요한 사항에 대해서 정리했습니다.

○ 제주점의 시급한 해결 과제: 하역장과 물류 효율 개선
1. 물류 문제점
- 기본적으로 모든 물류의 리드 타임+0.5~1일로 지연 입고됨
- 신선식품 아침 물류 입고 불가로 오후 3시 이후에 진열 가능함.
- 기상 등 물류의 변수가 많음: 1월 중 3차례 발생함.

2. 점내 하역장 및 후방 공간 등 하드웨어 불편
- 하역장 공간 협소
- 모든 상품이 분류 없이 혼합 적재로 입고되어 전량 하역장에서 재분류 작업 후 매장 이동
- 창고 공간 협소 및 이동 동선 불편

3. 매장 대응 방안
- 점내 물류 효율 개선을 위한 TF 구성: 파트장 중심
- 점내 가능한 유휴 공간 확보: 현재 2곳 추가 확보
  (주차장 램프 하단, 후방 임시 적재 장소)
- 창고 공간 재분배
- 전 구성원 소통을 통한 물류 이동 관리 협업 체계 구축

4. 인원 충원
- 관공서 협조, 내부 직원 소개 등 최대한 홍보 강화
- 2월 말까지 충원 완료 목표

이것으로 제주점의 현안에 대해서 보고드립니다. 차근차근 준비하고 구성원들과 소통하면서 실행하도록 하겠습니다.
그럼, 제주점에 오시면 뵙겠습니다.
감사합니다.

물류로 인한 내부 갈등

한번은 매주 수요일 파트장 미팅에서 각 파트장의 물류 불편에 대한 불만이 폭발했다. 하역장의 물류 입고 지연으로 너무 힘들다는 것이다. 요청 사항은 상품 지원에서 물류 관리를 못 하여 영업하는 데 불편하다는 것과 인원 충원이었다. 이와 같이 제주점에 부임하여 담당들에게서 가장 많이 들은 한 단어를 말하라고 한다면 '하역장'이다. 처음 이 건물은 지역 마트를 건축하여 운영하는 매장을 인수하였다. 하역장의 시설도 열악하고 매일 해상 물류를 통해서 도착하는 물류시스템도 육지 매장에 비하여 복잡하고 어려웠다. 무엇보다도 제주점의 매출 규모 확대로 물동량도 초기 오픈 때 대비 2~3배 증가하였다.

이에 따라 발생하는 점의 연관 업무가 매우 커서 상품 지원에 정규직 남자 직원이 0명이 근무하고 있는 실정이었다. 보통 육지의 상품 지원 담당이 정규직 0명이며, 주니어 담당이 0명 근무하고 있는 것에 비하면 많은 인원이다.

점장의 눈으로 보아도 현재 매장 담당들의 업무 중에 가장 크게 영향을 미치는 것도 해상 물류시스템이었으며, 가장 힘든 업무로서도 충분히 공감이 가는 사안이라고 판단했다. 그래서 가장 최우선적인 해결 과제로 하역장과 물류 관계에 집중하였다. 물류의 악영향으로 상품의 매장 입고가 지속적으로 지연되는 이유가 계속된다면, 영업에 지장이 많기 때문이다.

제주점의 물류 현황과 문제점

제주점의 물류 입고 과정을 보면 제주도는 도서 지역으로 상품 입고 과정에 '해운 물류' 과정이 추가된다. 따라서 상품의 적재 방식도 육지 물류 기존 매장의 이동 과정과 다르다. 제주점은 김해 물류센터에서 상품이 입고되는 것으로 물류 차량이 15톤 장축 차량이다. 물류 적재 방식도 롤테이너(운반도구)가 아니고 파렛트 적재로 입고된다. 이에 따라 상품은 파렛트에 각 파트 상품이 혼합 적재 되었기 때문에 제주점에 도착하여 바로 매장으로 이동할 수 없다. 지게차로 하역하는 단계를 거치게 되며, 하역장에서는 모든 파렛트 상품을 일일이 파트별 상품으로 분류 작업을 거쳐 매장으로 들어가게 된다. 이 작업, 즉 매장 도착 상품의 재분류와 운반도구 적재, 또한 제주점 물류시스템이 육지 다른 지점에 대비하여 추가적으로 감당하고 있는 영역이다.

그리고 농산, 수산 식품 등 신선식품 물류는 새벽에 김해센터에서 출발한 상품이 오후에 매장에 도착한다. 이것이 가장 큰 차이다. 육지 매장과 같이 오픈 전에 신선 상품이 매장에 입고되어 오픈 준비를 하는 것이 아니다. 영업 중인 15시 전후로 상품이 매장으로 입고되어 고객 쇼핑 중에 신선 상품 진열이 동시에 진행된다.

이러한 과정으로 인하여 물류 관리는 좀 더 정교하고 철저한 운영을 하지 못하면, 여러 가지 문제가 발생하는 원인이 된다. 신선 상품이 장시간 상온에 노출될 경우, 우리 핵심 강점인 상품의 신선도가 저하되며, 상품의 매장 입고 지연이 곧 판매 지연으로 이어진다. 매출 영향뿐 아니라 잔여 재고 문제까지 발생하게 된다. 영업 피크타임 진열 업무로 인한 쇼핑의 불편 초래로 클레임 발생의 소지도 높았다. 더욱 중요한 것은 온라인 고객의 주문 상품을 배송 못 하는 문제까지 발생하는 것이다.

우선 점내 노력으로 가능한 조치부터 진행함

점장의 의사결정으로 가능한 과제부터 해결하는 것으로 했다. 직접적인 이해관계자인 파트장 미팅을 물류 개선 TF로 전환하고 문제점을 나열하였다.

1) 하역장 협소로 분류 작업과 적재 공간 부족
2) 매장 입고 시간 지연
3) 상품 지원 인원 부족
4) 지게차 수리 요청
5) 화물 엘리베이터 2대 중 1대 고장 수리 지연
6) 상품 지원 오전 업무 과부하
– 전날 마감 시 하역장에 대기, 폐박스, 쓰레기, 빈 토트 박스 과다
7) 물류 입고 리드 타임 1일 지연
8) 해운 기상 문제로 물류 지연 입고 및 미 입고
9) 화물 기사 비협조 등등
그리고, 문제 해결 분류를 하였다.

○ 점장 권한으로 해결 가능한 것
1) 적재 공간 부족

2) 매장 입고 지연
3) 지게차 수리
4) 엘리베이터 수리
5) 상품 지원 오전 업무 과다

○ 김해센터와 협조 사항
1) 화물차 기사 비협조

○ 개선할 수 없는 사항
1) 해운 기상 변수
2) 물류 리드 타임 1일 지연
3) 하역장 하드웨어 개선

제주항에서 해운 물류 점검

해결 과정과 사례

대부분은 점내에서 점장의 영향력으로 해결할 수 있는 문제였고 김해센터 문제는 김해센터장과 협의하여 진행하였다. 개선할 수 없는 사항은 제주점의 특수환경을 받아들이고 우리가 긍정적으로 역이용할 수 있도록 설득하였다. 다시 한번 강조하고 싶은 것은, 이 지점에 대한 문제 해결 방안은 전적으로 리더의 영역이다. 일하는 모든 환경에 만족할 수 없다. 때로는 극복해야 할 업무 환경과 긍정적으로 받아들이고 뛰어넘어야 할 것이 있기 때문이다.

점 도착 해운 물류 하역 과정

(1) 적재 공간 부족과 상품 지원파트 오전 업무 과다

하역장에 과다한 재고 상품 보관이 원인이었다. 생수의 경우 제주 삼다수㈜에서 부분 납품이 불가하여 한 번에 16파렛트 단위로 입고

되어 기본적으로 점내 40파렛트를 보관하였다. 양곡 및 잡곡류, 반품, 신선 소모품 등 하역장 적재 상품이 너무 많았다. 생수는 지하 2층 주차장 유휴공간을 활용하여 30파렛트 정도를 내렸으며, 나머지는 발주 조정으로 축소했다.

상품 지원 오전 과다 업무 해소를 위해서 야간 영업 종료 이후에 마감 담당들이 하역장 클리닝 타임을 운영하여 폐박스 및 쓰레기 봉지, 토트 박스 등을 모두 정리하는 것으로 파트장 미팅에서 논의하여 실행하였다.

이러한 해결 과정이 새롭게 정착되는 데는 약 3개월 정도가 소요되었으며, 점장, 부점장이 솔선수범하여 공간을 확보하고, 마감 시 하역장 클리닝 타임에 꼭 참석하는 등 담당들이 긍정적으로 참여하도록 하였다. 그 결과 하역장 입구가 눈에 띄게 깨끗해졌을 뿐 아니라, 고객 차량의 소통도 원활해졌으며, 매장으로 들어오는 첫 이미지도 좋아지는 1석 3조의 효과를 보게 되었다.

(2) 해상 물류 상황에 대한 변수

점장이 제주점에서 부임하여 가장 많이 들었던 또 다른 용어는 바다 기상 여건 때문에 물류가 불확실하다는 것이며, 그래서 우리는 재고를 기존 육지 매장에 대비하여 많이 확보하여야 한다는 것이다.

처음에는 제주도 해상 물류 현황을 알 수 없는 나는 담당들과 소통을 통해서 천재지변의 영향으로 발생하는 문제는 우리 책임도 누구의 잘못도 아니므로 더 이상 부담 갖지 말고 대응하고 그로 인한 상품 결품이나, 물류 입고 지연은 점장도 절대 따지지도 묻지도 않겠다고 설득했다. 담당의 걱정을 쪼개 분석해 보면 2가지다. 하나는 영업에 영향을 미치는 것에 대한 지나친 걱정과 영업 욕심이다. 나는 이 점에 대해서는 얼마든지 칭찬과 격려를 하였다.

다른 하나는 책임 문제였다. 이전에는 해상 물류 여건의 변수로 상품의 결품이 발생하면 "왜 사전에 준비하지 않았냐?"라고 책임을 따지거나 질책한 사례가 많았다.

이 점은 전적으로 관리자의 문제이고 책임이다. 나는 이 점에 대해서도 죄책감을 느끼지 않고 업무에 집중할 수 있도록 배려했다.

잘못된 관행

그러다 보니, 제주점의 이전 관리자들은 지속적으로 재고를 확보하라는 독려를 담당들에게 해왔다. 이러한 이유로 신선 담당들은 재고를 확보하자니 선도와 품질의 문제가 있고, 안 하자니 혹시 발생할 수 있는 해운 물류 변수로 영업에 피해가 있으므로 너무 많은 스트레스를 받고 있었다.

이 문제를 자세하게 검토한 결과 해상의 기상악화로 인한 물류 미입고는 연간 10일 전후였고 일부는 지연 입고였다. 그래서 담당들에게 전면적으로 발주를 조정하도록 교육하고 본사의 자동 발주 시스템을 믿고 상품을 운영해도 문제가 없다고 교육했다. 하지만 담당들은 과거의 관행을 좀처럼 고치지 못하고 있었다. 이유는 역시 관리자의 이율배반적인 태도였다. 결품이나 풍성한 진열이 되지 않으면 질책하기 때문이다. 나는 이 문제를 통해서 회사의 올바른 발전 방향을 저해하는 것은 관리자의 마인드와 구성원들을 믿지 못하는 태도가 더 큰 문제라는 것을 많이 느꼈다.

 이렇게 긴 과정을 거쳐 제주점의 매장 운영은 천천히 개선되고 안정화되어 갔다.

점장! 제주점 고객
Pain Point는…

> 이번 리뉴얼을 통해서 셀프 계산대를 추가 설치하기보다는 일반 계산대를 축소하여, 셀프 계산대 10대를 충분히 활용할 수 있는 매장의 환경을 만들어 주셨으면 합니다.

오늘은 대표님 주관으로 리뉴얼 전략 회의를 제주점 현장에서 진행하였다. 2020년 코로나 팬데믹으로 인하여, 전체적인 유통 트렌드의 급격한 변화가 있었을 뿐 아니라, 특히 제주도에는 외국인 관광객의 감소로 매출 규모가 많이 감소하였으며, 국내 대표적인 온라인 업체의 상륙으로 새로운 고객 트렌드와 상권의 변화에 맞추어 리뉴얼이 절실하게 필요하였다. 이에 영업본부에서 신속하게 판단하고 리뉴얼 우선 추진 대상 매장으로 선정해 주셨다.

 나는 제주점의 리뉴얼 필요성과 방향에 대해서 자세한 보고서를 준비하고 회의에 참석하였으나, 대표님께서 "점장! 제주점의 Pain Point(영업 불편요소)가 무엇인지, 3가지만 말해보세요."라고 질문하셨다. 다음은 내가 말한 제주점의 Pain Point이다.

매장 입구 '도와드립니다' 코너

제주점 고객 Pain Point

1. 매장 체크아웃 계산대 협소로 고객 불편 심각

제주점의 1층엔 셀프 계산대가 총 00대 운영되고 있으나, 실제로 몇 대는 사용하지 못하고 있습니다. 먼저 셀프 계산대 내부의 공간 협소로 카트 몇 대 이상 들어갈 경우에는 고객 불편을 초래할 정도이며, 고객들은 심리적으로 셀프 계산대가 있는 곳으로 들어가길 꺼릴 뿐 아니라 고객 간의 부딪치는 안전사고로 상호 인상을 찌푸리는 현상도 발생하고 있습니다.

또한 2대의 계산대의 경우 1대는 기둥에 가려져 있으며, 다른 1대는 코너에 있어, 양쪽에서 계산할 경우에는 고객이 들어가지 못하는 구조입니다. 그러므로 제주점의 셀프 계산대 가동률은 전 사 평균 대비 매우 낮은 수준으로 효율이 많이 떨어집니다.

이번 리뉴얼을 통해서 셀프 계산대를 추가 설치하기보다는 일반 계산대를 축소하여, 셀프 계산대 00대를 충분히 활용할 수 있는 매장의 환경을 만들어 주셨으면 합니다. 특히 입구의 오픈 사무실로 인하여 매장의 전면부 체크아웃 공간을 포함하여 너무 협소할 뿐 아니라, 혼잡하여 고객 쇼핑에 가장 불편 요소가 되고 있습니다. 따라서 입구의 오픈 '도와드립니다' 코너의 이동이 절실합니다.

2. 수산 진열 면적 협소로 로컬 상품 취급 어려움과 활갑각류 등의 미운영

제주점의 수산 매장이 협소하여 로컬 상품과 활갑각류 등을 진열할 수 없어서 경쟁사 대비 아주 부진한 실적을 보입니다. 특히 제주 지역은 수산물의 이미지가 전체 매장을 좌우할 정도로 중요한 비중을 차지하고 있습니다.

지금 제주점은 수산 매출 비중이 전 사 구성비 대비하여 매우 부진하며, 이것마저도 외국인 관광객으로 인하여 김, 해조류 등 건해산물의 매출 구성비가 높아 왜곡되어 보이는 지표입니다. 실제로 신선 어패류의 구성비는 전 사 평균 대비 크게 부족한 실정입니다.

수산물의 구색 보강이 시급하며, 진열 매대의 개선을 통한 신선한 수산물 취급에 대한 이미지 개선이 절실한 상황입니다. 그리고 킹크랩, 활대게 등은 수족관도 협소하여 운영을 못 하고 있습니다. 가구당 수산물 소비가 육지 대비 월등히 많은 제주 고객들은 일반 수산물의 경우에는 많은 곳에서 쉽게 구입할 수 있는 반면에 제주에서 잡히지 않는 갑각류는 대형마트에 많이 의존하고 있습니다. 현재 경쟁사의 경우 당점과 대비하여 수산 진열 매대 규모가 2배 가까이 되며, 활대게, 킹크랩을 모두 취급하고 있어 절대적인 우세를 보입니다.

슈퍼마켓 수준의 좁은 수산 코너

3. 5층 '토이저러스' 매장과 One-Stop Shopping이 안 되는 불편함

제주점이 5년 전에 '토이저러스' 매장을 축소하고 유아동 의류 브랜드를 확대하였습니다. 하지만 고객이 쇼핑하면서 5층으로 올라오면, 다시 식품매장으로 내려갈 수 없는 구조로 되어 있습니다. 그래서 계산을 두 번 하는 불편한 구조와 번거로움으로 추가 쇼핑을 포기하는 고객이 많습니다.

특히 '토이저러스'에서 바로 자녀와 쇼핑하고 난 이후에 계산하고, 식품매장이 있는 1, 2층으로 내려가서 다시 쇼핑한 상품을 계산해야 한다고 안내하면, 추가 매장 입장보다는 포기하는 경우가 많이 있습니다. 당점의 '토이저러스'는 제주 전역에서 가장 큰 절대적인 우위로 광역상권 고객을 흡수하고 있으므로 이번 기회에 꼭! One-Stop Shopping이 가능하도록 동선 개선이 필요합니다.

4. 신선과 냉장·냉동 진열 매대 확대

제주점의 신선, 냉장·냉동 진열 매대는 인수할 당시 시설로 코로나 팬데믹을 거치면서 신선식품 매출 비중이 급격하게 늘어나는 트렌드에 전혀 호응하지 못하고 있습니다. 특히 지난 코로나 시기를 거치면서, 제주점의 냉장·냉동식품의 실적이 가파르게 개선되었으며, 축산의 경우에는 경쟁사 축산 코너를 압도하고 있습니다.

대표님 부임 이후 지속적으로 신선식품의 품질 개선이 크게 진행되었습니다. 따라서 신선식품이 매장 경쟁력의 중심이 되는 상황으로 이번 기회에 전체적인 냉장 진열 매대 교체가 필요합니다. 또한 가공식품의 냉장·냉동 진열 면적도 현재 고객 트렌드에 따라가지 못하고 있습니다. 밀키트 전용 진열 공간과 당사 개발 상품인 '요리하다'의 상품 진열 면적도 부족한 상황으로, 전체적인 냉장·냉동 진열 매대 확대를 요청합니다.

5. 브랜드 In-Out

제주도민은 제주점을 롯데백화점으로 인식하고 있습니다. 왜냐하면 제주도에는 백화점이 없기 때문입니다. 우리 제주점은 3개 층의 의류 브랜드 매장을 운영하고 있으며, 의류 브랜드를 포함한 전체 입점 업체가 00개 이상으로 제주도 內에서 단일 매장으로 가장 많이 운영하여 쇼핑의 편의성이 높습니다.

하지만 지금의 의류 브랜드 매장은 지방 삼류 백화점과 같이 노후화되어 있으며, 특히 코로나 이후 인기 브랜드의 철수로 고객 구매력이 많이 떨어지고 있습니다. 또한 일부 브랜드는 매장이 협소(약 10평)하여, 상품을 진열도 못 하는 실정입니다.

전체적으로 유니클로와 ABC 마트를 제외하고도 브랜드 월평균 매출은 높은 수준을 유지하고 효율이 좋은 편이나, 10여 개의 브랜드 매출은 기대 이하 수준의 매출 실적으로 브랜드 In-Out을 진행하여, 제주도 內 패션 브랜드 매장으로 1등을 유지할 수 있도록 개선이 필요합니다.

이렇게 제주점 현장의 목소리를 경청하고, 본사에서 참석한 관련 임직원들의 의견을 종합하여 만들어진 리뉴얼 전략은 당시 가장 잘 준비되고 계획된 방안으로 정리되었다. 이것은 바로 제주점의 제2의 도약을 위한 멋진 청사진이 되었다.

나는 지금까지 경험한 최고의 현장 중심 경영을 몸소 느끼며 점장으로서 자신감을 가지지 않을 수 없는 믿음을 갖게 되었다.

직원을 신명 나게 하는 현장 중심의 소통

> 한 파트장은 대표님과 직접 소통한 것이 20여 년 직장생활 중에 처음 있었다고 너무 좋아했다.
> 일이 힘든가 수월한가를 떠나, 나를 인정해 주고, 대우해 주고, 경청해 주는 것이 얼마나 대단한 에너지를 만들어 내는가를 보았다.

현장 중심의 소통

매장 리뉴얼 현장 회의로 제주점에는 롯데마트의 소위 별들이 모두 한자리에 모였다. 대표님께서 부임하시고 리뉴얼 회의 방식에 변화가 있었다. 이전에는 본사 매장 리뉴얼 회의에 점 대표로 점장만 참석하였지만(이것도 참석하지 못할 경우가 많았다), 이번에는 해당 매장의 현장 회의로 본사의 모든 관련 임원이 현장에 내려오고, 매장에서도 부점장 이상이 참석하도록 하였다.

더 중요한 변화는 또 있다. 이전에는 매장의 리뉴얼 필요성과 기대효과에 대해서 본사 상품 혁신팀에 보고하였으나, 이번에는 영업본부의 해당 부문에서 보고하도록 하였다. 그래서 나는 부점장들과 제주점 리뉴얼 필요성에 대해서 미리 많은 준비를 하였다.

다시 점포 안을 가지고 부문장님과 협의하여 내용을 더욱 정리하고, 압축하여 제주점에서 요청하고자 하는 내용을 잘 전달하고 설득할 수 있도록 준비하였다.

리뉴얼 전략 회의를 하는 날은 마침 정기 휴무로, 매장에서는 본사에서 내려오신 관련 전 임원과 제주점의 부점장, 파트장까지 현장에서 애로 사항과 제주점 요청 사항 관련 소통에 집중할 수 있는 좋은 계기가 되었다. 어떤 측면에서 보면 점에서 이러한 행사를 하지 않는 것이 점장이나 담당의 입장에서는 편할 수 있다. 많은 관계자가 방문하는 것은 모든 현장관리자에게 큰 부담으로 이어지기 때문이다.

그날 회의가 끝나고 준비로 고생한 부점장, 파트장 등 출근한 담당들에게 노고에 대한 격려 회식을 진행했다. 나는 휴무일 날 근무를 변경하여 출근하게 한 담당들을 달래주려는 마음으로 회식을 잡았는데 오히려 축제의 장이 되었다. 담당들은 너무 만족해하고 즐거워했으며, 희망에 가득 찬 분위기로 소주 한잔하면서 준비 과정의 힘든 일화와 현장 미팅에서 있었던, 상품본부, 영업본부, 지원본부장 등 관련 임원, 팀장과 제주점의 요청 사항을 시원하게 소통한 내용을 자랑하는 자리가 되었다.

구성원들을 신명 나게 하는 현장 소통

단지 업무적으로 제주점의 애로 사항과 의견이 반영되는 것보다 더 큰 효과는 나도 회사의 중요 프로젝트 과정에 한 역할을 했다는 자부심, 소속감, 성취감 같은 것을 느꼈기 때문이다. 대표님과 본부장님께 파트장이 현장에서 자신이 관리하는 매장에 대해서 직접 보고하고, 대표님과 본부장님의 질문에 답변하는 과정이 지금까지 없었기 때문에 더욱 대단한 기억이 되었다는 것이다.

한 파트장은 대표님과 직접 소통한 것이 20여 년 직장생활 중에 처음 있었다고 너무 좋아했다. 나는 이러한 반응을 보고 많은 것을 느꼈다. 일이 힘든가 수월한가를 떠나, 나를 인정해 주고, 대우해 주고, 경청해 주는 것이 구성원들에게 얼마나 대단한 에너지를 만들어 내는가를 보았다.

만일 롯데마트 모든 매장에서 이런 에너지가 나온다면, 최소 5% 이상, 10%까지는 아무런 투자 없이 개선될 수 있다고 생각한다. 성급한 말 같지만, 리뉴얼 이후 롯데마트 제주점이 경쟁사를 극복하고 제주도 內 1등 매장으로 등극할 수 있었던 출발점도 바로 그날부터라고 말하고 싶다.

구성원들에게 '제주점 리뉴얼 전략 보고' 소통

리뉴얼 보고 자료를 원본 그대로 제주점 담당들과 주니어 담당들 모두에게 공유하고 소통했다. 휴무자와 교대 근무로 전 직원들이 참석할 수 있도록 총 8차 수로 나누어 매일 2차 수씩 동일한 내용을 진행했다. 교육 후에는 제주점의 발전과 요청 사항에 대해서 담당 의견을 적어내도록 하였다. 구성원들의 의견과 요청 사항을 챙기는 것도 잊지 않았다.

교육을 진행하면서, 현장 담당들에게 교육하는 것이 아니라 점의 현황을 자세하게 설명하고 보고하듯이 했다. 여기에서 중요한 것은 고객의 눈높이, 즉 내부 고객의 입장에서 함께 고민하고 공유하는 것이 무엇보다도 중요하다고 생각한다. 제주점은 오픈 16년 차 매장으로, 대부분 오픈 때부터 근무한 담당들이다. 그동안 제주점의 긍정적인 성과에 대해서도 자세하게 설명해 주어, 구성원들에게 자부심과 성취감을 느끼게 할 수 있도록 했다. 그리고 이렇게 리뉴얼을 하는 이유는 제주도에서 1등 매장이 되기 위해서 한다고 우리의 목표를 분명히 했다.

나는 담당들에게 말했다. 점장은 임기가 끝나면, 다른 매장이나 본사로 이동하게 된다. 하지만, 제주점에서 근무하는 여러분들은 정년 퇴직하는 날까지 일하게 된다. 이왕이면 2등 매장보다는 1등 매장으로 자부심을 가지고 근무한다면, 롯데마트 제주점에 다니는 것을 가족과 주변 지인들이 달리 볼 것이다. 마치 '나는 삼성전자에 근무한다.'라는 것과 같다고 강조했다.

그리고 1등 매장 제주점을 함께 만들어 가자고 제안했다.

전 직원 리뉴얼 현황 공유

교육 진행자는 알 수 있다. 교육받는 사람들의 표정을 보고 어떻게 받아들이고 있는지. 심지어 한 주니어 담당은 교육 후에 다가와 "폭싹 속았수다!! 우리를 이렇게 인정해 주고, 제주점의 주인으로 생각해 주시어 점장님 고맙습니다. 예~~?"라며 감격해서 제주어 섞인 말로 인사했다. 이러한 주니어 담당들의 반응에 당혹스러웠다.

그동안 우리 점장들이 고객 접점에서 열심히 일하는 담당들에게 업무 지시만 했지, 그들의 마음을 헤아리려고 하지 않았구나, 그래서 점 운영에서 많은 소외감을 느끼고 있었구나! 반성했다.

교육과정을 통해서 롯데마트 제주점이 원팀으로 다시 태어나는 날에 제주점 담당들의 표정을 잊을 수 없다.

이기는 롯데마트 제주점 만들기

제주점은 그동안 쌓아온 경험과 담당들의 역량, 특히 파트장의 역량과 리더십이 지금 가능성의 기반이다.

By e-mail

담당님들께

* 이번 리뉴얼은 경쟁사를 이기는 롯데마트 최초 매장으로 거듭나는 계기가 될 것입니다.
* 리뉴얼 효과는 집기 개선과 매장 확대만으로 매출이 개선되지 않습니다. 내용(상품)이 달라져야 하고, 서비스, 마케팅도 같이 개선되어야 도전할 수 있습니다.

1. 큰 틀은 확정됨 → 대표님, 본부장님 확정

2. 일부 변경 내용 반영 예정 → 즉석 국수 코너 철수, 수족관 내부로 이동

3. 지금부터 점에서의 준비가 중요함.

1) 각 코너 완성도를 높이는 준비 중요 → 상품 보강 철저히

예) 농산 즉석 도정미 입점, 구색 확대

수산 상품 보강, 킹크랩, 랍스터, 로컬

축산 진열 면적 수준의 상품 확대

조리 반찬 코너 보강, 시즌 반찬, 즉석 등

가공 냉장 냉동 구색 확대

수입 치즈, 수제 햄 보강

주류 상품 확대, 인원 보강

의류 브랜드 신규 브랜드 고객 Needs 반영

토이저러스 면적 확대 상품 보강, Lay-out 변경

2) 축소 또는 철수 코너 매출 감소 최소화 노력

예) 생활 구색 유지 등, 효율 극대화 의류 브랜드 철수 최소화

4. 지원: 고객서비스 개선 방안 고민

→ 도와 코너 이동과 입구 확대 시너지 나도록 할 것.

1) 카카오 플친 모집 활동 강화

2) 온라인 매출 방어 집중할 것

3) 안전, 시설 전체적으로 보강할 것

5. 가장 중요한 것은 구성원 상호 간의 신뢰와 우리가 진행하는 방향에 대한 믿음과 자신감입니다.

6. 제주점은 그동안 쌓아온 경험과 담당들의 역량, 특히 파트장의 역량과 리더십이 지금 가능성의 기반입니다. 경쟁사를 이기고 제주도 1등 매장이 된다면, 회사와 제주점 모두에게 큰 영광이 있을 것입니다.

제주점 파이팅!

리뉴얼을 준비하며…

제주점 리뉴얼 회의 이후 부점장과 파트장에게 전달한 메시지이다. 우리의 목표는 분명했다. 제주도 內에서 경쟁사를 이기는 롯데마트 제주점으로 거듭나는 것이다.

* 경쟁사를 이기는 롯데마트 매장으로 거듭나기
* 리뉴얼 효과는 집기 개선과 매장 확대만으로 매출 개선이 되지 않는다. 내용(상품)이 달라져야 하고, 서비스, 마케팅이 같이 개선되어야 도전할 수 있다.

모든 담당들에게 리뉴얼 회의가 끝난 후 업무 전달에서 상기와 같이 내용을 정리하였다. 우리의 리뉴얼 목표와 본사에서 진행하는 것을 수동적으로 따라가지 말고, 주체적으로 리뉴얼 개선의 내용을 보강하고, 성과를 낼 수 있는 여지를 찾아서 요청하도록 전달하였다.

우리가 리뉴얼에서 가장 크게 범하는 오류는 리뉴얼만 하면, 본부는 리뉴얼 이후 목표를 투자 대비 상향시키고, 담당들은 그동안 낡은 시설과 영업 환경으로 불편하였으므로 막연히 좋아질 것으로 생각하는 것이다.

천만의 말씀이다. 나는 상품과 서비스가 달라지지 않는다면 절대 매출 개선이 없다는 것을 많은 리뉴얼과 현장 경험 속에서 체험하였다. 그래서 매장에서 본부에만 의지하지 않고, 우리 나름대로 준비해야 할 것을 본부에 추가로 요청하여 개선해야 할 것을 구분하여 각자 챙기기로 했다.

예를 들면 이번 리뉴얼로 생활용품 매장의 면적이 약 10% 감소하게 된다. 그렇게 된다면, 자연스럽게 생활의 구색도 10% 줄어들게 되는 문제가 발생한다. 경쟁사는 우리 매장 대비하여 생활 면적과 구색에서 약 200% 수준으로 넓고 많다. 우리가 가장 취약한 상품군이다.

그래서 나는 영업 부점장과 생활 파트장에게 특명을 내렸다. 면적이 줄어도 어떻게 해서라도 구색과 상품의 전체 카테고리가 빠지지 않도록 상품팀과 협의해서 보완하라고 지시했다. 또한 1, 2층 직영 매장은 거의 모든 인테리어와 진열 집기가 개선되지만, 특약 업체는 반영되지 않았다. 브랜드 매장이 리뉴얼 콘셉트와 일치하지 않는다면, 기껏 투자하여 개선한 매장의 옥에 티가 될 수 있으므로 상품팀, 해당 업체와 협의하여 이번 기회에 함께 리뉴얼을 진행하여 상호 시너지를 낼 수 있도록 챙겼다.

제주도민에게 사랑받는 매장 만들기

롯데마트 제주점이 육지와 완전 독립된 제주 상권에서 장기적으로 살아남기 위해서는 반드시 넘어서야 하는 것이 경쟁사를 이기는 것이라고 보았다. 그러기 위해서는 제주도민의 기대에 부합하는 매장으로 재탄생해야 한다. 또한 우리는 1개의 매장으로 제주도에서 운영되고 있으므로 3개로 상권을 나누어 운영하는 경쟁사와 대비하여, 유리한 요소가 많이 있고 이번에 이기지 못하면 앞으로도 쉽지 않을 것이라고 판단했다.

강점의 강화로 그동안 시장을 잘 이끌어 왔던 신선식품에 즉석도정비, 활대게, 킹크랩 등 부족했던 상품군을 보강하였으며, 즉석조리 코너에서는 즉석 먹거리 간식 등 추가 보강을 추진하였으며, 약점의 보강으로 가공 냉장·냉동식품의 구색 보강, 주류 코너는 트렌드를 반영한 싱글몰트 외 양주 코너 확대 등, 고객의 눈높이로 다시 한번 더 체크하고 노력했다.

구성원들의 자신감이 중요

담당들에게는 이겨야 하는 이유와 함께 우리가 충분히 이길 수 있는 잠재력과 영업 환경을 갖추어 가고 있다는 것을 강조하였다. 하지만 일부 담당들은 점장의 욕심으로 불가능한 것에 도전하여 본인들의 업무만 힘들게 하고 있다는 불만이 나오기도 했다.

육지에서 부임한 담당들보다 지금까지 제주점에서 오래 근무한 담당들 사이에 더 많은 불만이 있었다. 그래서 더욱 중요한 것은 작은 성공체험을 위하여 리뉴얼 이후 확실한 성과 창출과 고객 만족도를 가시화함으로써 전 구성원들이 자신감을 회복하고 스스로 할 수 있다는 의지를 갖도록 도전하는 것이 중요했다.

현장 리더십이 가능성의 기반

이기는 매장을 위하여 더욱 중요한 것은 부점장과 파트장의 현장 리더십이다. 그리고 점장 입장에서 내부 직원들의 많은 경험에서 나오는 역량을 자발적으로 이끌어 내는 것이다. 1명, 1명의 구성원이 함께 해보자는 의지와 자신감으로 원팀이 되기 위하여 세심한 노력을 하지 않을 수 없었다. 실제로 제주점에 부임하여 가장 많이 느낀 점은 제주점 담당들은 잠재적인 역량이 뛰어나다는 것이다. 이러한 강점을 적극적인 칭찬과 격려로 끌어내고자 최선을 다했다.

'제주점은 그동안 쌓아온 경험과 담당들의 역량, 특히 파트장의 역량과 리더십이 지금 가능성의 기반이다.'

이렇게 점장, 부점장, 파트장과의 소통과 협력을 통해서 경쟁사 대비 이기는 매장을 만들기 위한 준비를 철저히 진행해 나갔다.

경쟁사를 이기는 전략

> 어렵고 힘든 일이지만, 현재 가지고 있는 자원을 최대한 활용하여 영업 환경을 개선하고, 조건을 만들어 나가는 것이 중요하다고 생각한다.

By e-mail

부점장님!

겸사겸사 경쟁사 시장조사 왔습니다. 천천히 둘러보니 우리도 보강할 수 있는 요인들이 많이 있습니다(예를 들면 세탁소가 입점하여 있는데, 세탁소는 10평 정도면 가능하므로 이번 비식품 테넌트팀 방문 시 요청하는 것 등).

이번 상품 개편 때 점에서 조금만 노력한다면 많은 것을 보강할 수 있겠습니다.

지원 부점장은 경쟁사 편의시설 테넌트 전수 조사 하시고, 이번에 보강할 수 있는 것 검토해서 보고 바랍니다. 영업 부점장은 각 파트장에게 경쟁사 입점 업체, 상품 중 당점에 없는 상품을 조사하고 정리해서 보고 바랍니다.

> 부문장님께 지원 요청해서 하나라도 입점할 수 있도록 합시다. 경쟁사는 쉽게 이길 수 있는 만만한 매장이 아니라는 것을 잘 아실 겁니다. 그러나 우리가 지금까지 해왔듯이 하나하나 준비하고 챙기면 충분히 가능하다고 생각합니다.
> 1등 제주점 파이팅!

1. 타깃을 분명하게 한다

상기 내용은 부임하고 5개월째 되는 달에 지원 부점장과 영업 부점장에게 경쟁사를 이기기 위한 방향을 잡고, 분야별 준비 상황에 대한 업무를 전달한 내용이다. 전국 할인점이 오픈되어 있는 시, 군, 읍 지역에는 대부분 경쟁사와 할인점이 입점하여 있다. 가령 김천과 남원시와 같은 작은 지방 도시에도 2개의 할인점이 경쟁하고 있다.

나는 매장을 운영하면서 이러한 경쟁 관계를 조직의 단합과 목표 설정의 동기부여로 많이 활용한다. 만일 경쟁사가 없으면 가능한 경쟁 상대를 찾아서 비교하고, 대응하면서 목표를 향해 하나하나 개선 활동을 한다. 한 예로 안성점에서 근무할 때는 우리회사의 평택점과의 경쟁 관계를 구성원들의 동기부여 계기로 활용하여 구성원들과 원팀이 되도록 노력했다. 그 결과 처음에는 한두 달 이기고 이후에는 분기를 이기는 성과를 낸 기억이 난다. 경쟁 관계를 점 운영의 중심 목표로 설정하는 것을 단순히 '비교하기 좋아서'라고 본다면 아주 단순한 측면만 보는 것이다. 특히, 지역 기반으로 하는 매장은 지역 내 매장 간의 지속적인 경쟁 관계 속에서 상호발전 하고, 고객은 보다 더 나은 상품과 서비스를 제공받게 된다. 이러한 기본적인 경영 관점에서 시작하여야 한다.

점장으로서 한 매장에 부임하면 구성원들의 패배 의식으로 인한 2등 마인드가 더 큰 문제인 매장이 의외로 많다. 위에서 언급한 안성점과 평택점도 비슷한 경우이지만, 롯데마트 제주점은 바로 옆에 있는 경쟁사와의 관계 속에서 구성원들의 마음속에 패배 의식이 깊숙이 깔려 있었다. 어차피 우리는 경쟁사를 이길 수 없다고 단념하고 있었다. 파트너사와 마케팅 협의를 할 때조차도 경쟁사 대비하여 추가 인원 요청이나, 행사 횟수, 지원 규모 등에 대하여 당당하게 협의하지 못하는 경우가 대표적인 사례이다.

결국 담당별로 이러한 태도로 인하여 행사 준비조차도 경쟁사 대비 더 강하고 규모 있게 준비하지 못하는 결과가 하나하나 쌓이게 되면, 지속적으로 경쟁사를 이길 수 없는 매장이 되고 만다.

2. 우리가 부족한 점은 어떻게 해서든 보강

나는 무리하게 또는 무조건 경쟁사와 대응하여 이기자는 것이 아니다. 회사별 할인점 환경과 여건이 조금씩 다르지만, 고객이 할인점에 기대하는 것은 사실상 똑같기 때문이다. 경쟁사는 10가지를 갖추고 있는데, 우리가 8가지를 갖추고 있다면 이기기 어렵다. 왜냐하면 고객 Needs는 거의 동일하기 때문에 하나라도 더 갖추고 있는 매장으로 갈 수밖에 없기 때문이다. 예를 들면, 매장 환경에서 2가지 차이로 인하여 매출이 20% 차이가 난다. 그런데 지금의 여건으로 매장의 하드웨어적인 환경을 바꾸기 쉽지 않다면, 비용이 적은 투자로 소프트웨어적인 매장환경을 2가지 더 보강할 수 있다면 적어도 경쟁사와 격차를 20% 이내로 줄일 수 있다.

예를 들면, 멤버스 가입자 확대를 대표적으로 말할 수 있다. 제주점의 경우 자체 멤버스 고객이 수천 명이나 된다. 매주 이들에게 문자로 쇼핑 정보를 보내면서 소통한다. 이러한 마케팅 자산의 경우 경쟁사가 가지고 있지 않는 요인으로 정도의 차이가 있지만, 반드시 영향치 만큼 경쟁사와 비교해 실적 개선에 도움이 된다. 나는 이 점을 확신한다. 왜냐하면, 경쟁사와 동일한 고객과 상권에서 영업하므로 우리가 연결된 SNS는 분명 부가적인 효과가 발생하기 때문이다.

3. 내가 보유하고 있는 자원을 최대한 활용

매장 운영을 책임지고 있는 점장은 현장 깊숙한 곳에서 경쟁사와 치열한 영업 활동을 하므로 누구보다도 고객이 느끼는 만족과 불만족 포인트를 잘 알 수 있다. 그리고 작은 영업 환경의 차이를 파악할 수 있기 때문에 충분히 경쟁사와 경쟁 관계 개선을 할 수 있다고 생각한다.

이런 주장을 하면 아마도 많은 점장들은 비용과 인력이 없다고 말할 수 있다. 물론 비용과 인력이 원하는 만큼 주어진다면 좀 더 쉽게 개선 활동을 할 수 있겠지만 그렇다면 굳이 점장이 있을 이유가 없다. 어렵고 힘든 일이지만 현재 가지고 있는 자원을 최대한 활용하여 영업 환경을 개선하고 조건을 만들어 나가는 것이 중요하다고 생각한다. 가령 위의 업무 전달과 같이 세탁소를 입점시키는 일은 많은 인원과 비용이 들어가는 일이 아니다.

또한 자체 멤버스 고객을 늘리고, 문자를 발송하는 비용도 수백만 원 들어가는 일이 아니다. 영업 과정에서 약간만 첨부하면 전체 운영 중에 충분히 소화할 수 있는 업무이다.

우리는 경쟁사와 경쟁 관계에서 갖추고 있는 강점인 '토이저러스' 홍보를 강화하고, 편의시설 중에 부족한 세탁소, 여행사 등을 보완하는 활동을 지속하여 매장의 경쟁력 강화를 보강한다면 언젠가는 경쟁사를 뛰어넘는 매장이 될 것이라 생각한다.

점장 병가 보고서

항상 느끼는 것이지만, 이러한 실행력과 단합은 우리 회사의 큰 강점이자 최대의 긍정적인 요소이다. 역시 위기에 강한 조직이다. 향후 이런 조직의 기반은 제주점뿐 아니라, 롯데마트의 미래를 열어가는 원동력이 될 것이라 확신한다.

By e-mail

본부장님께
제주 점장 병가 진행에 대해서 보고드립니다.
먼저 영업본부의 중요한 이슈 관련해서 매장에서 챙겨야 업무가 많은 상황에서 장기간 자리를 비우게 되어 죄송합니다.
제주점 중요 업무 인수인계와 관련하여, 지역장과 여러 차례 소통을 통해서 자세하게 정리하여 보고하였습니다. 특히 리뉴얼 준비 관련 중요 이슈 및 결정 사항에 대해서 공유하였으며, 이후 부점장이 소통하여 진행하도록 하겠습니다.
매장 운영 관련하여 부점장, 파트장과 미팅을 통해서 기본 관리 포인트,

활동성 지표, 영업본부 중점업무에 대해서 교육하였습니다.
부문장과 매장 슈퍼바이저는 매장 방문을 통해서 현장 코칭과 격려도 했습니다. 본부장님께 걱정 끼치지 않도록 부문장과 부점장에게 공백 기간 업무 관리에 문제없도록 소통하고 세심하게 업무 인수인계하였습니다.
배려해 주신 덕분에 잘 치료하고 건강하게 다녀오겠습니다.
제주점장 김용운 올림.

제목: 제주점 담당님들 믿고 다녀오겠습니다.

모두 많이 놀랐을 것입니다.
솔직히 저도 마찬가지였습니다.
"살다 보면 항상 위기는 누구에게나 올 수 있다."라는 선인들의 말씀을 새삼 느끼게 합니다. 하지만 "슬기롭게 잘 이겨낸다면 더 단단해진다."라는 말이 있듯이 건강하게 돌아오겠습니다.
점장이 당분간 자리를 비우지만, 훌륭한 부점장 두 분과 베테랑 파트장이 있어 걱정하지 않습니다. 파트장은 업무 중에 발생하는 애로 사항 및 중요 사항은 부점장이 점장을 대신하는 만큼 수시로 보고하고 의논해서 잘 처리하시고, 부점장이 부문장님과 수시로 소통하고 있으므로 큰 어려움은 없을 것입니다.
매장 리뉴얼 공사 관련하여 진행하는 동안 본부와 소통하면서 결정해야 할 것이 지속적으로 발생할 것입니다. 이러한 경우에도 부점장과 잘 협의해서 진행하세요. 매장 운영과 리뉴얼 관련 생각에 대해서 충분히 부점장들과 눈높이를 맞추었습니다. 여러분들의 판단을 믿고 추진하시기 바랍니다. 중대한 사안이나 결정은 부문장님께 문의하여 진행하시면 됩니다.

제주점은 지금 제2의 상승세에 있습니다.

대표님과 본부장님께서도 남다른 관심을 보이고 있으므로 지금과 같이 현장을 잘 챙겨주시고, 매장 리뉴얼 잘 준비하시면, 올해는 큰 발전을 할 수 있는 좋은 기회입니다.

마지막으로 노파심에 당부하자면 기본 관리 포인트뿐 아니라, 안전사고, 위생사고 등 철저히 챙겨주시기를 바랍니다. 이럴 때일수록 점 내부의 정서 관리 등 잘 챙겨야 합니다. 소소한 잡음이 발생하면, 제주점에 정말 마이너스가 됩니다. 서로 이해하고, 양보하고, 격려하면서, 특히 부점장을 중심으로 단합된 제주점이 되도록 최선을 다해주세요.

그럼 잘 다녀오겠습니다.

1등 제주점 파이팅!!!

점장 병가 보고하며

오늘은 무거운 마음으로 30일 병가 보고를 진행했다. 지난 3월 서울대학교병원 암 병동에서 최종 암 선고를 받았고, 암 부위 절취 수술을 진행하는 일정을 잡았다.

이후 어떻게 시간이 흘렀는지 모르겠다. 우선 암 판정을 받고 가장 먼저 떠오르는 생각은 '만일 내가 떠나면 아들과 딸은 어떡하지?' 하고 가족이 가장 먼저 생각났다. 물론 암이라고 모두 죽음으로 가는 큰 위험이 있는 것은 아니다. 하지만 막상 내가 암 선고를 받고 보니, 착한 암이니 치사율이 낮은 암이니 하는 위로의 말은 전혀 가슴에 와닿지 않았다.

1/100 가능성이라고 해도, 내가 해당한다면 나에게는 100% 확률

이 되는 것이라는 생각밖에 없었다. 암 선고를 받은 사람들의 첫 번째 반응은 '왜 하필 나에게 이런 일이 생긴 걸까?'라는 원망이라고 했지만, 나도 마찬가지였다. 하지만 정신 줄 놓고 있을 수 없는 만큼 마음을 가다듬고 스스로에게 "정신 차리자, 정신 차리자!" 외우고, 외우며… 이러한 위기를 슬기롭게 이겨나가자는 마음으로 나 자신을 다시 다 잡으려고 노력했다.

마음을 불안하게 하는 암 환자들이 나누는 블로그, 카페의 글들은 모두 덮었다. 그리고 내 병을 정확하게 이해하고 알아야겠다는 생각에 주치의인 서울대학교 병원 교수가 쓴 책을 구입하여 내 병의 원인과 치료 방법, 예후 등에 대해서 자세하게 공부하니 다소 마음이 놓이게 되었다.

역시 감정에 둘러싸이면 작은 것도 더 크고 무겁게 느껴지는 법이었다. 그리고 수술에 대한 불안감을 줄이기 위하여, 나는 수술하는 의사를 믿고 신뢰하는 것이 중요한 포인트라고 생각했다. 담당 교수 관련 기사, 동영상 등을 보면서 이분이 대한민국 5대 명의라는 것을 알게 되었으며, 이분의 수술 경험과 실력을 잘 알 수 있어 자신감과 믿음이 생겨났다.

한편 매장에서는 리뉴얼 공사가 차곡차곡 준비되고 구체적인 일정이 하나씩 잡혔다. 리뉴얼 일정은 시작부터 45일간 일정으로 세부 공정이 나왔다. 나의 수술과 병가 일정은 30일로 수술 기간에 착공하여 공기 중간에 복귀하는 일정이었다.

전체 직원들에게는 불안과 업무 기강이 흔들릴 수 있기 때문에 일체 암 수술로 인한 휴가 일정을 알리지 않고 내가 할 수 있는 업무,

의사결정, 리뉴얼 사전 준비 등을 마무리하려고 최선을 다했으며, 동시에 영업 부점장과 지원 부점장과 되도록 많은 소통을 하려고 노력했다. 인복이 많아 제주점의 부점장과 안전 환경 매니저, 각 파트장의 역량과 책임감이 높아 모든 것이 순조롭게 진행되었다.

가장 걱정되는 것은 안전사고였다. 점장이 공석인 사이에 공사 중 안전사고, 인명 사고 등이 일어난다면 더욱 큰 문제이다. 그래서 리뉴얼 전략이 결정된 날부터 병가까지 남은 한 달 반 동안 점장이 챙겨야 하는 주요 업무를 정리하고 챙겨나갔다.

| 리뉴얼 대비 주요 업무

1. 교육: 리뉴얼 의미와 목표

대형 할인점과 같이 다수의 인원이 근무하고, 출퇴근이 제각각인 업무 환경에서 교육은 아무리 강조해도 부족함이 없다. 시니어, 주니어 담당까지 전 직원을 3일간 오전·오후 6차 수로 나누어, 리뉴얼 전략과 새로운 매장 설계도를 통해서 교육하였다.

제주점의 리뉴얼 목표는 단지 실적 개선 목표가 중요한 것이 아니라, 궁극적인 목표는 제주도민의 사랑을 받는 1등 할인점임을 다시 한번 분명히 제시했다. 이러한 목표가 단지 선언적인 것이 아니라 가능한 이유와 자료를 가지고 설명하였으며, 구성원들이 제안한 '도와 코너 이동', '토이저러스 프리존 변경', '의류 브랜드 동선 변경과 대형

화를 통한 현재 트렌드 반영' 등을 함께 만들어 가자고 설명하였다.

마지막으로 아무리 많은 투자를 해서 매장을 개선하여도 현장에 있는 우리의 열정과 의지가 없으면 불가능하다는 것을 강조하였다. 제주점 구성원 모두의 눈빛이 달라지는 것을 느낄 수 있다. 점장은 이런 구성원들의 표정을 통해서 이심전심으로 믿음과 신뢰로 도전할 수 있다.

2. 코너별 사전 준비 업무 리스트 점검

이번 리뉴얼에서 1~5층까지 전 층의 상품 코너 인테리어 변경, 매장 이동, 집기 변경이 이루어진다. 이러한 업무를 가장 잘 알고 할 수 있는 것은 현장 실무자인 파트장이다. 파트장이 얼마나 진행 업무를 잘 알고, 능동적으로 대응하느냐에 따라 안전한 공정 진행과 이후 효과까지 연결될 수 있다. 가령 생활 부문의 경우에는 이번 리뉴얼 시 면적이 줄어들고 진열 길이도 약 30m 줄어든다.

해당 파트장의 경우 정말 힘 빠지는 상황이 아닐 수 없다. 고생해서 실적이 좋아진다면 없는 에너지도 생기겠지만, 반대의 경우에는 일할 맛이 없어진다. 이러한 코너는 점장이 특별한 관심을 가지고 챙길 수밖에 없다. 공정 과정에 협조가 잘 이루어져야 하고 파트장, 담당들도 동기부여 할 수 있는 영업 여건도 개선해 주어야 힘내고 할 수 있다.

관리자가 단지 챙겨야 할 업무 리스트만 내밀고 독려하면 안전사고와 인명 사고로 이어지기에 십상이다. 제주점의 생활 파트장은 정말 꼼꼼하게 변경 전후 매장을 실측하면서 공정과 순서를 시간대별로 정리하고 보고해 주어서 정말 한시름 놓았고 이후 결과도 좋았다.

3. 인력의 안정화

영업을 하면서 매장 리뉴얼 공사를 진행하는 것은 안 해본 사람에게는 그 힘든 상황에 대해 이해하지 못할 것이다. 제주점의 경우에는 섬 지역으로 낮에는 물류 입고와 진열 등을 영업해야 하며, 밤에는 리뉴얼 업무를 해야 한다. 마치 주경야독의 마음으로 영업과 리뉴얼 공정을 챙겨야 하므로 담당들은 본부 지원, 결원 인원, 심지어 휴무까지 예민하게 반응한다.

우선 부족한 인력 확보를 위해서 본부에서 주니어 담당 승인으로 충원하였으며, 부문장님께 요청하여 2층 매장이 크게 이동하는 시기에는 전 사 담당자 파견을 요청하였다. 상품본부에도 요청하여 관련 부서 중요 매장 변경에는 출장이 가능하도록 요청하였다.

이러한 준비 과정을 거치는 동안 내가 환자가 아닌가? 하는 착각이 들 정도로 즐겁고 재미있게 지나갔다. 병가를 3주 앞두고 부점장과 안전 환경 매니저, 그리고 일주일 앞두고 파트장과 상황을 공유했다. 물론 충격이 컸을 것이며, 리뉴얼 공사 진행의 걱정이 더 컸을 텐데, 나에게 오히려 위로와 격려를 보내주었으며 매장은 걱정하지 말라고 당부하였다. 뜨거운 동료애를 확인하는 기분이었고 삶의 의지를 느낄 수 있었다.

잊지 못할 매장 복귀

내심 병가를 떠나면서 혹시 다시 복귀하지 못할지도 모른다는 불안감이 없었던 것은 아니었다. 운 좋게 경과와 예후가 좋아 다시 제주점에 돌아올 수 있었다. 바로 그날은 잊을 수 없는 날이다.

우선 반갑게 맞아주시는 많은 구성원이 있어 용기와 힘을 낼 수 있었다. 매장의 리뉴얼 공사 진행은 점장이 부재중일 때 가장 큰 공정이 진행되었다. 2층의 가공식품과 생활 매장은 전체적으로, 소위 말하는 좌로 2~3보 이동되는 부분인데, 마트 정기 휴무 날 많은 담당이 출근하여 대대적인 작업을 완료하였던 것을 보고 감동하지 않을 수 없었다.

그리고 무엇보다도 감사한 것은 안전사고 없이 잘 진행되어 왔다는 것이다. 부점장과 안전 환경 매니저, 파트장이 단합하여 서로의 역할을 잘해주었기에 가능했다. 항상 느끼는 것이지만, 이러한 실행력과 단합은 우리 회사의 큰 강점이자 최대의 긍정적인 요소이다. 역시 위기에 강한 조직이다. 향후 이런 조직의 기반은 제주점뿐 아니라, 롯데마트의 미래를 열어가는 원동력이 될 것이라 확신한다.

1층의 신선식품 코너 공사는 가설 벽을 설치한 곳이 조리식품 코너만 있어 그나마 영업하는 데 큰 영향은 없어 보였으며, 의류 브랜드의 이동과 브랜드별 리뉴얼도 좋은 출발을 하고 있었다.

마지막으로 5층 토이저러스와 아동복 코너 공사도 계산대를 이동하여 큰 공사는 마친 상태였다.

다시 꿈꿔왔던 제주점에서 우리의 도전을 지속할 수 있게 되어 한없이 벅찬 마음으로 다시 업무를 시작하였다.

축하, 축하! 리뉴얼 오픈

제주도에서 1등 매장으로 도전하고자 하는 자신감과 자부심을 찾은 것 같습니다.

By e-mail

안녕하십니까? 제주점 가족 여러분!
먼저 제주점 리뉴얼 오픈을 진심으로 축하합니다.
오랜 기간 동안 리뉴얼 오픈에 수고해 주신 제주점 직원 여러분께 감사의 말씀을 드립니다.
제주점은 착공을 시작해 오픈하는 오늘 이전과는 전혀 다른 새로운 모습으로 탄생하게 되었습니다. 우리는 이번 리뉴얼을 통해 경쟁사와 초근접 경쟁 상황에서의 차별화와 지역 내 대형 쇼핑 시설 부족에 따른 비식품 상품군의 경쟁력 강화를 목적으로 리뉴얼을 진행했습니다.
고효율 식품매장 확대와 더불어 신선, 가공 매장의 노후한 쇼케이스 교

> 체 및 진열 면적을 확대하고 제주도 제일 많은 구색과 매장 규모가 큰 와인과 주류 전문 매장도 구성했습니다.
>
> 패션 브랜드 또한 브랜드를 변경하여 경쟁력을 강화하여 지역 내 수요를 반영했습니다.
>
> 아직 일부 마무리 작업을 통해 완성도를 높여야 하는 부분도 남아 있지만, 금번 기회에 우리가 원하는 대로 제주점은 지역 내 확실한 일등 매장이 될 것입니다.
>
> 우리 롯데마트는 전년부터 대대적인 리뉴얼 투자와 환경 개선 작업에 이어서 올해 제주점을 비롯하여 많은 매장의 리뉴얼과 상품 개편 작업 중에 있으며, 이를 통해 우리 롯데마트가 대한민국 유통시장을 리딩해 가는 위치로 우뚝 서게 될 것입니다.
>
> 다시 한번 리뉴얼 오픈을 축하하며, 아직 남아 있는 무더운 여름과 종식되지 않은 코로나 속에서도 항상 건강에 유의하시길 바랍니다.
>
> 여러분들을 늘 응원합니다.
>
> 제주점 파이팅입니다.
>
> 영업본부장 드림

드디어 리뉴얼 오픈을 했다.

이번 리뉴얼 오픈은 나에게는 매우 특별한 의미와 많은 사연이 있어 더욱 크게 와닿았다.

아침 8시 일찍 대표님께서 "김 점장! 제주점 담당과 리뉴얼로 수고 많았다. 내가 정말 제주점 리뉴얼 오픈 보러 가고 싶은데, 바쁜 일이 있어 참석할 수 없어 아쉽다."라고 진심으로 말씀하셔서 제주점에 방문하고 싶어 하시는 마음을 읽을 수 있었다.

다시 한번 지원해 주신 대표님

영업본부장님을 중심으로 디자인실, 상품본부 각 부문의 상무님, 팀장들이 리뉴얼 오픈 점검을 하고 부족한 부분에 대한 보강협의 하고 성공을 위한 현장 격려 활동을 하고자 하였다. 그런데 10시경에 대표님 비서실에서 연락이 왔다. 대표님께서 13시 30분 도착하여, 19시 30분 출발하는 일정으로 내려오신다는 것이었다.

아침 통화에서 진심으로 현장에 오고자 하시는 의지를 보여주셨는데, 결국은 의지를 꺾지 않으시고 직접 와주시어 점장으로서 진심으로 감사하고 큰 도움이 되었다. 일선 매장에서는 대표님께서 한번 방문하시고, 힘을 실어주시면 마케팅, 상품 구성, 미완의 공사 현장 보강 등이 훨씬 수월하게 의사결정이 될 뿐 아니라, 현장 구성원들의 사기에도 큰 차이가 있다는 것을 경험으로 잘 알고 있다. 아니나 다를까? 대표님께서 10건의 추가적인 보강을 지시하시어, 본부 지원 부서에서는 힘들고 부담스러운 부가적인 업무일지는 모르지만, 매장의 입장에서는 선물이나 다름이 없었다. 그리고 무엇보다도 리뉴얼로 고생한 담당들에게도 포상과 격려를 해주셨다.

고객 중심, 현장 중심 의사결정의 중요성

이에 앞서, 지난 리뉴얼 전략 회의를 당점에서 진행 시 논쟁이 되었던 사안을 생각하면 '최고 경영자가 현장 의견을 경청하고 의사결정을 하느냐?'가 얼마나 중요한지 알 수 있다. 한 사례로 상품본부에서는 자신들이 개발한 주류 전문 매장을 작년에 서울에 신규 오픈하고 큰 성과를 보였기 때문에 우리 제주점에도 입점하길 주장하였다. 하지만 나는 반대하는 입장이었다. 만일 제주점에 서울매장 규모의 주류 전문 매장이 입점하게 되면, 경쟁사 대비 압도적인 중심 상품군인 의류 브랜드의 절반을 포기해야 하는 상황이 되고, 제주도민은 우리를 롯데백화점의 이미지로 보고 있어, 단일 매장 최대 의류 쇼핑몰인 강점을 잃게 되기 때문이다.

현재의 제주도 상권 규모로는 서울 시내에서나 통하는 주류 전문점은 시기상조이자, 의류 브랜드를 대체하지 못한다고 강조했다. 이에 대표님은 현명한 의사결정을 해주셨다. 제주도민이 백화점으로 보고 있다면 의류 브랜드를 줄이지 않고 입점할 방안을 찾아보고 안 되면 이번에는 주류 전문 브랜드보다는 Wine & Liquor 특화 매장으로 의사결정을 해주셨다.

나는 이번 리뉴얼에서 성공적인 결과를 꼭! 내고 싶었다. 연초에 전 구성원들에게 선언하였듯이 제주 도내 1등 매장 목표를 꼭! 이루어 내고 싶었다. 그런 면에서 이번 리뉴얼 전략은 매우 성공적이었다.

제주도 최고 매장으로 재탄생

이번 리뉴얼을 통해서 제주점은 도내 최고 매장으로 재탄생하게 되었다. 1) 개방감 있는 매장으로 변신했다. 좁고 긴 입구 동선과 오픈 사무실과 계산대의 병행으로 혼잡했던 입구가 넓고 시원하게 바뀌었다. 2) 신선 매장도 슈퍼 수준의 하드웨어에서 프리미엄 신선 매장

이미지뿐 아니라, 품질 개선에도 큰 발전을 했다. 3) 좁은 냉장·냉동 진열 면적도 고객 트렌드에 맞추어 확대되어 밀키트 등 상품 구색을 충분히 갖출 수 있게 되었다. 4) 주류 코너 특화 Wine & Liquor 매장을 경쟁사보다 2배 이상 확대하면서 천여 종 이상의 구색을 갖추었다. 브랜드별 와인 전문 판매 직원도 2배 증원되어 대면 서비스도 개선했으며, 도내 주류매장 중에서는 최고 최대 매장이 되었다. 5) 의류 브랜드는 낡은 이미지를 최신 트렌드 이미지로 전면 리뉴얼 했다. 협소하고 복잡한 매장구조를 넓고 쾌적하게, 비효율 브랜드 철수와 신규 인기 브랜드 입점으로 매장이 개선되었다. 그리고 '토이저러스'에서 문제점으로 지적된 Self-Zone도 개선되므로 1~5층까지 고객 동선이 연결되는 One-Stop Shopping 매장이 가능해졌다.

개방감 있는 입구

프리미엄 신선 매장

와인 & 주류 전문점

최대 의류 브랜드 매장

이제 제주도 1등 매장 도전

이제 구성원과 함께 매장 운영의 지혜와 슬기를 모아 1등 매장으로 등극하기만 하면 된다. 나는 본부장님께 "제주도에서 1등 매장으로 도전하고자 하는 자신감과 자부심을 찾은 것 같습니다."라고 말씀드렸다. 전 구성원의 의지와 열정을 잘 리드하는 것이 내게 남은 숙제였다.

처음 제주점에 부임하였을 때 아쉽고 미흡했던 부분이 모두 개선된 만큼 나 또한 제주도 內 1등 매장으로 구성원들을 이끌어 가는 것에 자신감이 생겼다.

# 3장
제주점 마케팅 활동

점장은 마치 로마제국의 각 군단이 여러 전선에서 전투를 벌이는 로마군의 켄투리아, 즉 백인대장과 같다. 전국 각 지점에서 영업 중인 우리 매장은 매일 해당 지역의 경쟁사와 상권을 두고 치열한 경쟁을 벌였기 때문이다. 점장이 이러한 구도 속에서 본인 역할과 미션을 어떻게 갖고 있느냐에 따라서 일선 전투뿐 아니라, 전쟁의 승패에도 큰 영향을 미친다.

상품 차별화 방향

회사의 미래 경쟁력과 생존을 위해, 신선식품 품질을 개선하여 온라인몰 경쟁 업체와 차별화된 전략을 추진하고 있으며, 이를 통해 우리 회사의 신선식품 품질과 이미지를 개선하고 있다.

by 카카오톡

영업 부점장: 점장님! 경쟁사 다녀오겠습니다.

점장: 경쟁사는 상황은 어땠는데.

영업 부점장: 새로운 상품과 진열 좀 보려고 갔었는데, 눈에 들어오는 게 없었습니다. 즉석 먹거리는 경쟁사가 우위인 거 같아서 조리식품 행사 먹거리 같은 것도 알아봐서 할 수 있으면 하면 좋을 것 같습니다. 자주 시간 날 때 가서 보려고 합니다.

점장: 땡큐!! 나도 상품 차별화 방향으로 살펴보고 있다. 좋은 의견 많이 주세요.

제주점에 부임하고 한 달 정도 지났을 때, 영업 부점장과 카톡으로 소통한 내용이다.

나는 영업 부점장의 이러한 태도가 너무 반가웠다. 부임 3주 차에 나는 담당자들에게 우리 제주점의 목표는 '제주도 内 1등 매장이 되는 것'이라고 선언했다. 모든 직원은 점장의 과장된 액션으로 느껴 걱정스러운 표정이었다. 하지만 나는 우리 제주점의 잠재력을 보았고, 또한 가능성도 보았다. 그런데 영업 부점장이 움직이고 있다는 것에 천군만마를 얻은 것 같은 기분이었다. 달려보자…

기회 요소를 찾다

부점장의 보고에서 경쟁사의 영업 현황을 충분히 짐작할 수 있었다. "새로운 상품이나 진열 좀 보려고 갔었는데, 눈에 들어오는 게 없었습니다."

처음 제주점에 부임한 후 방문한 경쟁사 매장에 크게 실망[1]했다. 내가 알던 경쟁사의 모습이 아니었다. 결품이 많았고, 직원들은 활기가 없었으며, 고객 동선 관리도 엉성해 눈에 띄는 것이 거의 없었다. 우리가 도입할 점이나 벤치마킹을 통한 개선 포인트를 찾지 못했는데, 부점장도 비슷하게 본 것 같다. 또한 신선과 가공식품에서 우리에게 위협적이고 차별화된 상품 구성도, 강력한 상품도 보이지 않았다.

제주점이 오픈한 이후로 15년 동안 한 번도 경쟁사를 뛰어넘지 못해, 경쟁 구도가 고착화되어 있었다. 그 말인즉, 경쟁사는 우리를 위협적인 경쟁 상대로 보고 있지 않다는 것도 반영한 것이다. 전임 점장도 경쟁사 점장과 한번 만나기 위해서 연통을 넣었으나, 별로 반응이 없었다고 했다.

나는 이러한 상황이 조금은 기분 나빴지만, 반대로 생각했다. '우리에게는 기회다.' 한편으로 경쟁사의 입장에서 보면, 우리가 딱히 위협적인 존재도 아니고, 경쟁사는 제주도에 여러 개 매장을 운영하면서, 점장들 간에 충분히 소통과 교류를 하고 있으므로 업무적으로나, 지방 근무자로서 특별히 동료의식도 가질 이유가 없기 때문이다.

소위 1등이라는 자만에서 오는 방심이 느껴졌다. 후발주자가 선발주자를 따라잡기 위한, 첫 번째 전략은 업계 선두 업체가 잘하는 것을 빠르게 따라잡는 것이다. 그리고 우리가 잘하는 부분을 더욱 강화하고 확대하면 된다고 나는 생각했다.

우리의 강점과 부족한 점 재확인

"먹거리는 경쟁사가 우위인 거 같아서 즉석조리 행사 먹거리 같은 것도 좀 알아봐서 할 수 있으면 하면 좋을 것 같습니다."

영업 부점장의 두 번째 보고에서도 많은 것을 읽을 수 있다. 현재 대표님과 본부장님은 회사의 미래 경쟁력과 생존을 위해 신선식품 품질을 개선하고, 온라인몰 경쟁업체와 차별화된 전략을 통해 우리 회사의 신선식품 품질과 이미지를 개선하고 있다. 다른 측면에서 생각하면 경쟁사의 신선식품에서 벤치마킹할 것이 보이지 않는다는 의미도 포함되어 있다. 따라서 경쟁사가 우리 매장에 대비해 월등히 우위에 있는 조리식품의 먹거리 행사와 입점 업체에 대한 집중적인 보강이 필요하다는 결론에 도달했다. 나도 같은 생각을 하였기에 반가웠다. 신선식품 중에서 우리 점의 축산 코너는 확실히 경쟁사를 제압하고 있었고, 고객들의 반응도 '육류는 확실히 롯데마트가 좋다.'는 인식을 확인할 수 있었다.

이 점에 대해서는 이 자리를 빌려 축산 파트장과 담당들을 높이 평가하고 싶다. 그들은 우리가 경쟁사를 이길 수 있음을 보여주었다.

농산의 과일과 채소 코너도 이전에 비해 많은 개선을 보였으나, 수산 파트는 여전히 미흡했다. 원인을 확인한 결과 제주점 수산이 위탁 운영에서 직영으로 변경된 것이 4~5년밖에 되지 않았기 때문에 여전히 최저점에서 점진적으로 개선되고 있는 상황이다. 그런데도 신선 전체는 대등한 수준을 유지하고 있었다. 이는 더 큰 기회 포인트가 될 수 있다. 수산 파트를 개선하면 경쟁사와의 차이를 쉽게 좁힐 수 있기 때문이다. 이 점에 대해서 먼저 언급하면 이후 수산 코너는 나날이 발전을 더해갔다. 또한 지속적으로 매출이 신장하면서 고객들에게 신선하고, 가격 경쟁력이 좋으며, 다양한 상품을 구성하고 있다는 인식으로 변화되어 갔다.

가공식품의 경우, 경쟁사의 진열 면적은 우리 매장 대비 20% 이상 넓었으나, 진열 수준과 관리 역량은 큰 차이가 없었다. 이 또한 반가운 측면이다. 이렇게 부점장과 함께 경쟁사 대비 우리가 해야 할 일들을 하나하나 찾아가며 매장 운영 전략을 세워나갔다.

강점의 보완과 부족한 상품의 보강

부족한 상품 보강과 차별화 상품 강화

나는 부점장과 파트장들에게 두려움을 가지기보다는 현장에서 보강해야 할 부분과 잘하고 있는 상품을 강화하는 데 집중하자고 격려하고, 그들이 각자 역할을 맡아 진행하도록 설득했다. 부족한 상품 보강 사례로 대표적인 베이커리는 내가 부임하기 전에 한 브랜드가 입점하여 영업하였으나, 부진한 실적으로 자진 철수하였다고 했다.

우리는 그 이후 베이커리가 없는 상태에서 운영되고 있었는데, 베이커리는 기본적으로 점 매출의 1% 이상을 차지하는 것이 정상이다. 따라서 월 수천만 원 이상의 기회 손실이 있다고 분석했다. 본사 상품팀과의 협력을 통해 베이커리를 새로 입점시켰고, 예상대로 월 매출 개선 성과를 달성했다. 또한 최신 트렌드를 반영하여 고객 만족도와 매장의 품격을 동시에 개선할 수 있었다.

또 다른 차별화 상품 보강 사례로 의류 브랜드의 매출 강화가 있다. 의류 브랜드는 경쟁사 대비 2배 이상 브랜드를 가지고 있는 당점의 절대 우위 상품 구성이다. 하지만 경쟁사에 강력한 위협이 되지 못하는 아쉬움이 있었다. 그래서 브랜드 교체가 당장 어려운 상황에서 브랜드 점주 간담회를 통해 개별 브랜드와 마케팅 활동을 협업하였다. 고객의 이동이 많은 1층 계산대 앞에 입점 의류 브랜드 행사장을 구성하고, 주간 단위로 행사를 전개하였다. 이러한 활동을 통해 입점 의류 행사장에서 높은 수준의 월 매출 실적 개선 효과를 보았다.

이와 같이, 경쟁사와의 벤치마킹을 통해 점의 경쟁력을 단계적으로 보강해 나갔다.

100억 만들기 프로젝트

첫해 아쉬웠던 경쟁사 대비 매출 부진은 다시 한번 모든 담당이 똘똘 뭉치는 효과를 보였다. 한 번 이기는 것이 힘들었지만, 한 번을 이기고 난 이후는 입장이 완전히 달라졌다.

By e-mail

제목: 제주점 월 100억 만들기 방안과 지원 요청합니다.

제주점장 인사드립니다.
지난여름 성공적인 리뉴얼 오픈 이후 지속 신장하여, 제주시 만년 4등점에서 경쟁사를 이기고 제주시 1등 할인점으로 등극하는 데 성공했습니다. 하지만 지난달 경쟁사 대형 행사로 다시 역전 위기를 맞이하였습니다. 이에 제주점 전 담당들과 고심하여, 이번 달에는 월매출 100억 만들기 계획을 수립하고, 다시 1등 할인점 탈환에 도전하고자 합니다. 유관부서 부문장님, 팀장님 아래 내용 확인하시고, 적극적인 지원 요청합니다.
- 총매출 100억 계획

* 전년 대비 +0억 더 만들기 목표 수립

- 주요 요청 사항

1. 영업본부

1) 서울 지역: 부문 마케팅 활동 비용 배정
2) 영업지원팀: 진행 사항 모니터링 및 필요 사항 협의 상품팀 물량 확보 지원 요청

2. 마케팅(커머셜 플랜 팀)

1) 롯데호텔, 렌터카, 하얏트 호텔과 협업 할인쿠폰 비치 및 배포
2) 제주 전 지역 개인화 마케팅 진행: 월중 1~2회 발송
→ 토이저러스, 유니클로 등 의류 브랜드, 와인/양주 코너 등은 제주 광역상권 영향

3. 상품본부

1) 패션팀: 레드 페이스, 마운티아 0억 만들기 관련 지원
2) 스포츠팀: 수영복 직매입 확대 전개
3) 토이저러스팀: 추가 요청, 완구 인기 상품 물량 지원 요청(리스트 첨부)
4) 주류팀: 인기 위스키 한정 판매 물량 지원(리뉴얼 오픈 행사 상품과 동일 수준)
5) 베이커리팀: 베이커리 코너 0억 만들기 관련 업무 지원 요청

4. 온라인 부문

1) 온라인 배송팀: 온라인 배송 차량 일 배송 확대

일부 팀장님과 개별 소통하였지만, 자세한 내용을 첨부 자료와 같이 정리하였습니다. 참고 바랍니다.

> 부족한 부분에 대해서 연락 주시면, 자세하게 말씀드리겠습니다. 이 자리를 빌려 성공적인 리뉴얼을 위해 큰 도움 주신 점에 대해서 다시 한번 감사드립니다.

제주도 1등 마트 도전기

"대표님!! 올해는 제주도 內에서 4분기 중 두 달은 도내 1등 자신 있습니다. 그리고 내년에는 연간 매출로 도내 1등 매장이 될 수 있도록 구성원들과 똘똘 뭉쳐 도전해 보겠습니다."

지난 리뉴얼 오픈 때 대표님께 제주점의 강력한 의지를 보고한 대목이다. 결국 우리는 리뉴얼과 현장의 노력으로 월매출 도내 1등을 해냈다. 성공적인 리뉴얼을 통해서 전반적으로 파트별 매출이 수직으로 상승하였을 뿐 아니라, 창립 행사와 한우 데이 등의 탄력을 받아 제주도 內에서 오픈 이후 처음으로 월 매출 기준으로 1등을 하였다. 생각보다 1개월 빨리 이룩한 결과이다.

하지만 경쟁사도 철저한 준비를 통해 반격에 나섰다. 다음 달에는 새로운 베이커리를 입점시키고, 대형 의류 브랜드 100평 매장을 리뉴얼 오픈함으로써 다시 경쟁사에 역전당하는 결과가 나왔다. 그리고 우리는, 이번 달에는 반드시 이기고 말겠다는 절박한 심정과 의지로 '제주점 100억 만들기' 프로젝트를 준비하여, 영업본부와 상품본부, 이 커머스 부문에 지원을 요청하였다.

위 메일에서 자세히 정리하였듯이, 영업본부에는 점 마케팅 비용 및 활동에 대한 후방 지원을 요청하였고, 상품본부에는 12월의 중요한 크리스마스 행사인 토이저러스에 대한 지원 요청과 온라인 일 주문 가능 규모 확대를 요청하였다. 또한, 점내에서는 영업 부점장과 각 파트장과 협의하여 담당별로 추가 목표를 설정하고, 가능한 모든 조치를 취하기 위해 노력하였다.

결국 0%대 벽을 넘지 못하고

영업 결과는 결국 경쟁사 대비 0%대의 벽을 넘지 못하였다. 나는 정말 안타까웠다. 연초 전 점장 전략 회의에 참석했을 때 대표님께서 잊지 않고 물어보셨다. "김 점장! 12월 경쟁사와 어떻게 되었나?" "예! 대표님 안타깝게도 0%대 차이로 이기지 못했습니다."라고 답변하였지만, 정말 아쉬운 대목이었다. 대표님께서도 희소식을 얼마나 기다렸는지 알 수 있었다. 그리고 동 업계에서 선발 경쟁사를 이기고 앞서가는 것이 결코 만만찮다는 것을 절감할 수 있었다.

장기적인 대책방안을 수립하여 재도전

우리는 원인 분석과 장기적인 대책방안을 마련했다.
1) 직접적인 원인은 경쟁사에서 마지막 이틀 동안 진행한 그들의 시그니처 행사가 원인이었다.

보통 경쟁사가 시그니처 행사를 진행하게 되면 우리 점 대비 일 매출이 월등히 높은 결과로 나온다.

2) 경쟁사에서 온라인 배송 차량을 증차하였다. 배송 차량 증차로 인한 월 매출 상승효과는 수천만 원 수준으로 더욱 안타까운 결과이다. 더욱이 온라인 배송 차량 증차 영향은 다음 해 1년 내내 우리를 힘들게 하는 원인이 되었다. 온라인 매출에서 당점이 매출 금액으로 몇억 앞서가고 있었으나, 경쟁사의 온라인 증차 효과로 이듬해 중반을 지나면서 역전되어 전체 매출 수억 (-)효과와 같은 영향을 미치게 되었다.

3) 우리는 고객의 관점에서 장기적으로 대책을 수립하여 이듬해 다시 도전하였다.

전년도 마지막까지 아쉬운 경쟁사 대비 매출 부진은 다음 해에 전 담당이 다시 똘똘 뭉치는 효과를 보였다. 한 번 이기는 것이 힘들었지만, 한 번을 이기고 난 이후는 입장이 완전히 달라졌다. 우선 구성원들의 생각부터 달라졌다. 이전의 경쟁사를 이길 수 없다는 마인드에서 우리가 경쟁사에게 따라잡혔다고 생각했다. 그리고 고객의 관점에서 우리가 부족하고 미흡한 점에 대해서 다시 체크하였다.

영업 부점장, 지원 부점장과 다음 해에는 최소 2개 분기(2, 4분기) 필승 목표를 세우고, 누계로 완전하게 승리한다는 의지로 철저한 준비와 실행을 시작하였다.

(1) 부족한 상품 보강

가. 아동 브랜드의 공실에 신규 브랜드 입점 추진과 실적이 좋은 브랜드의 매장 확장

나. 수영복 상품 미 취급으로 직영 매장 신규 입점

제주도는 관광지로 4계절 수영복 매장 운영이 필수적이나, 브랜드 입점이 불가능하여 직영으로 대체함

다. 먹거리 부족으로 매장 입구 먹거리 포차 입점

라. 수산의 수족관 협소로 활대게 및 킹크랩 취급을 위한 이동형 수족관 설치

(2) 홍보 및 마케팅 보강

가. 서귀포시 주요 도로에 '토이저러스' 입간판 5개 설치

나. 드림타워 호텔 고객 유입을 위한, 건물 뒤 벽면 활용 마트 인지도 개선

다. 자체 멤버스 가입자: 매월 가입 활동 강화

라. 관계사 연계 홍보 강화: 쿠폰 상시 비치

(3) 고객서비스 시설 강화

가. 세탁소 미운영을 테넌트팀과 협의하여 신규 입점

나. 전기차 충전기 1대 → 10대로 확대

다. 인기 게임기 및 아이스크림, 솜사탕 자판기 설치

이상과 같이 매장의 경쟁력을 근본적으로 개선할 수 있는 것을 찾

아서 진행하였다.

  이러한 과정을 거쳐 다음 해에는 2분기와 4분기에서 경쟁사를 이기고 제주도 內 1등 매장으로 다시 자리매김하였지만, 연 누계로는 여전히 다소 미흡하였던 것으로 알고 있다. 이것으로 마지막 롯데마트 제주점에서 좋은 성과를 거두고, 평소에 꿈꿔왔던 전 구성원들과 누릴 수 있는 짜릿한 승리를 이루어 냈다는 데, 후회 없는 마트 점장으로서 임무를 마무리 지었다. 후배 점장과 담당들이 더욱더 강한 롯데마트를 만들어 나갈 것이라 믿는다.

  롯데마트 파이팅

  롯데마트 제주점 파이팅!!

100억 목표 달성 활동과 고객 반응

홍보 활동

전 직원 격려와 특식

크리스마스에 밀리는 차량 행렬

현장에서 답을 찾다

> 대표님께서 매장에 방문하시면 항상 점에 도움이 되는 선물 한 가지는 주신다. 나는 점장 근무 하면서 그런 기회를 잘 활용하여 점 운영과 실적 개선에 큰 도움을 얻었다.

그해 가을, 대표님께서 매장에 방문하셨다.

올해만 매장 방문이 세 번째이다. 송파점에 이어 지금까지 대표님과 자주 만날 수 있어 점장으로서는 매우 다행스러운 일이다. 대표님께서 매장에 방문하시면 항상 점에 도움이 되는 선물 한 가지를 주신다. 나는 점장 근무 하면서 그런 기회를 잘 활용하여 점 운영과 실적 개선에 큰 도움을 얻었다.

올해 첫 번째 방문은 지난 리뉴얼 전략 회의에 참석하여 제주점 리뉴얼 진행 결정 과정에서 점 의견을 경청하시고 전 담당자들에게 용기와 희망을 주셨다. 두 번째 방문은 지난 리뉴얼 오픈 때 방문하셔서, 리뉴얼 진행 결과 미흡한 부분 10여 가지에 대해서 추가 조치가 가능하도록 지원해 주셨을 뿐 아니라, 고생한 담당들에게 격려와 포상으로 용기를 불어넣어 주셨다.

대표적인 것은 무빙워크 상단 매장 안내 간판과 무빙워크 방향 전환, 의류 행사 집기 등등이다. 이번에도 리뉴얼 이후 효과에 대해서 상세하게 질문하고 답변을 경청해 주셨으며 경쟁사도 함께 방문하였다. 토이저러스는 경쟁사와 우리 제주점 간의 가장 강력하고 대표적인 상품 코너이자 제주 전역의 고객에게 영향을 미치고 있는 상품 카테고리라는 것을 강조하셨다. 또한 경쟁사와 소방도로를 사이에 두고 있는 드림타워 호텔이 코로나 이후 활성화되는 상황을 직접 확인하셨다. 이에 제주점 구성원의 제주도 1등 매장에 대한 강력한 의지를 보시고, 2가지 선물을 주셨다.

대표님의 선물

1. 서귀포에 토이저러스 인지도를 높여라.
   → 즉, 롯데마트보다는 '토이저러스'를 메인 광고 내용으로 하고 롯데마트 제주점 위치를 알리도록 아이디어를 내어보아라.
2. 제주 시내 특급호텔인 '드림타워 호텔' 고객을 잡을 수 있도록 방안을 찾아라.
   → 투숙객에게 패키지 배송을 하든지, 아니면 롯데마트를 알리도록 해라!!

서귀포시에 토이저러스 홍보 강화 방안

(1) 홍보물 설치에 대한 사전 조사

제주점의 특성상 본사의 지원을 받기에도 쉽지 않은 상황이었다. 그래서 매장에서 자체적으로 조사와 설치 방안을 지원 부점장과 논의하여 추진하기로 하였다. 우선 도로변 홍보물 설치에 대한 실태를 확인한 결과 천태만상이었다.

그래서 이때 그동안 관계를 쌓아왔던 롯데 세븐일레븐 지역장이 도내 수백 개 이상의 편의점을 출점하기에 경험이 많을 것으로 생각되었다. 그리고 롯데시티 호텔 총지배인은 제주도 출신으로 20년 동안 제주도에서만 근무하여 제주도 사정을 잘 알 것으로 생각했다.

예상이 적중했다. 두 사람에게 조언을 받고, 각 지역 광고대행사 대표를 만나게 되었다. 나는 롯데 세븐일레븐 광고대행사와 롯데호텔 광고대행사, 양쪽으로 2가지 방안을 추진하기 시작하였다. 전체적으로 입간판 설치의 개수를 확정하고, 장소는 양 업체로부터 제안을 받는 것으로 하였다. 물론 법적인 문제와 인허가 문제까지 있으므로 제주 지역 광고업체를 통해서 진행하였다.

(2) 입간판 콘셉트 고민

입간판의 콘셉트는 크게 3가지 정도로 분류되었다.
간판 콘셉트로 밤색 바탕에 흰색으로 진행하는 것,
자동차 전용도로에 큰 건물이나, 대표적인 이정표를 표시하는 파란색 바탕에 흰 글씨,

마지막으로 롯데마트 전용 이미지와 콘셉트로 진행하는 방안으로 검토하였다. 최종적으로 밤색 바탕에 흰 글씨로 된 간판 콘셉트가 제주도에 가장 적합할 것으로 보고 결정하였다.

(3) 지역 광고업체 선정과 설치 장소

해당 업체는 서귀포 기반 광고대행사로 입간판 설치 경험이 많았다. 장소는 해당 업체가 지역 사정과 길목을 잘 알고 있으므로 추천을 받았다. 단, 제주시로 들어오는 주로 도로인 평화로와 5.16도로 초입은 독자적 입간판으로 할 것을 포함하였다. 이렇게 약 6개월을 진행하여 서귀포 시내에 몇 개의 입간판을 설치하였다.

대표님께서도 매우 흡족해하셨다. 이후에 본부장님 외 많은 분이 제주 관광차 오셨다가 몇 개 보았다는 기분 좋은 말을 많이 들었다. 물론 제주점은 제주도 전역을 상권으로 하고 있으며, 특히 '토이저러스'는 제주도 內 유일한 매장이며, 가장 큰 완구매장으로 소위 전국구로서 롯데마트 제주점의 존재감을 제주도 전역에 알리는 첨병 역할로 적절했다.

서귀포 입간판 설치

드림타워 호텔 투숙객을 잡아라!!!

(1) 드림타워 호텔 현황

대표님과 경쟁사 및 하얏트 호텔 상권을 직접 방문하고 주변 상황을 확인하였다. 드림타워 호텔은 제주시에 있는 특급호텔이다. 38층 2개의 쌍둥이 빌딩으로 전체 1,600여 객실로 제주도 内에서도 가장 큰 호텔이며, 카지노, 옥외 수영장, 스카이라운지 등 다양한 시설을 갖추고 있어, 일 유동 인구가 어마어마하다. 코로나 엔데믹 이후 계속해서 투숙객이 증가하고 있으며, 특히 내가 근무하는 기간에 중국 관광객이 본격적으로 입국하면 투숙객이 기하급수로 늘어날 것이라고 했다.

2020년 하반기 오픈 이후 팬데믹으로 인하여 정상적인 운영이 되지 못하고 있으므로 사실상 2023년부터 본격적인 운영으로, 투숙객의 10%만이라도 점을 방문하게 된다면 매출이 증가되는 효과를 낼 수 있었다. 객관적인 지표를 확인한 결과, 드림타워에 입점해 있는 업체 매출은 전년 대비 15% 이상 증가하고 있었다. 그런데 안타까운 것은 경쟁사와 소방도로를 사이에 두고 마주 보고 있으므로 투숙객의 대다수가 경쟁사를 이용하고 있다고 대표님께 현황을 보고하였다. 이 점을 확인한 후, 투숙객을 확보할 방안을 찾아보도록 지시하였다.

(2) 패키지 상품 배송 검토

결론은 실현 불가능한 방안으로 정리되었지만, 다양한 시도를 한 것에 의미를 두었다. 주문을 받을 수 있는 시스템 및 호텔과 협력할 수 있는 여건이 전혀 되지 않았다. 몇 번이고 호텔 마케팅팀과 협의하였지만, 호텔 입장에서는 마트와 협력이 중심 업무가 될 수 없는 여건으로, 우리도 다른 방안을 찾아보기로 하였다.

(3) 외국인에게 더 유명한 롯데마트

중국인, 동남아 관광객에게는 경쟁사 보다 우리 '롯데마트' 인지도가 훨씬 높다는 사실을 알게 되었다. 지금은 철수하였지만, 중국에서 100여 개의 롯데마트가 운영되었으며, 또한 동남아(인도네시아, 베트남)에 롯데마트가 운영 중이고, 그 외 다양한 롯데 브랜드(롯데제과, 롯데리아 등)가 진출하고 있기 때문이다. 나도 이 사실을 알고 기회 요인을 찾았다고 좋아했다. 항상 일하면서 느끼는 것은 간절하게 찾고 고민하면 신기하게도 그 답이 보인다는 것이다.

그렇다면, 드림타워 호텔 투숙객에게 롯데마트가 바로 300m 인근에 있다는 사실을 인지시키는 방안을 찾기로 했다. 롯데마트를 알고 있는 외국인이 가까운 곳에 롯데마트가 있다는 사실을 알면 찾아올 것으로 판단하였다. 우리 매장은 호텔 남쪽으로 연북로 노형 사거리에 있어, 모든 간판이 남쪽 중심으로 되어 있다. 마트의 북쪽에 있는 하얏트 호텔에서 보면 우리 매장 뒷면만 보여 무엇을 하는 건물인지 알 수가 없는 것이 단점이다. 그래서 매장 뒤 유리 벽면을 롯데마트 광고판으로 활용하기로 방향을 잡았다.

하얏트 호텔 고객 홍보

(4) 거대한 롯데마트 이미지

유리 벽면에 마트 상호가 인쇄된 광고물(시트지)을 부착하면 법적으로 허용한 광고물을 초과하여 철수할 수 있다는 문제가 제기되어 다시 난관에 봉착했다. 그러면 상호 없이 이미지만으로 롯데마트를 직관적으로 알 수 있는 방안을 찾아보았다. 본사 디자인팀과 논의한 결과 '마트 GO' 이미지로 하는 것이 좋겠다는 결론을 얻었다.

카트 이미지+마트 GO 글씨를 중심으로 다시 디자인하여 실행할 수 있었다. 이로써 거대한 롯데마트 이미지로 드림타워 호텔 투숙객이 롯데마트가 불과 5분도 걸리지 않는 거리에 있다는 사실을 알 수 있게 하였다.

이에 따라 대표님께서 주신 선물로 제주도 서귀포시에 몇 개의 '토이저러스' 입간판을 설치하여 롯데마트의 위치와 존재를 반영구적으로 홍보할 수 있었다. 또한, 마트 뒤 유리 벽면에 거대한 롯데마트 이미지를 부착하여, 경쟁사로 들어가는 호텔 고객뿐만 아니라 경쟁사 주차장으로 들어가는 차량 고객도 눈앞의 거대한 롯데마트 이미지를 보고 지나갈 수밖에 없는 홍보물이 되게 했다.

현장에서 답을 찾다

내가 이 일을 진행하면서 다시 한번 뼛속 깊이 새길 수 있었던 문장은 '현장에 답이 있다.'라는 것이다. 이 사례는 대표와 일선 점장 사이에서 발생한 일이다. 점장의 현장 보고를 듣고, 대표님은 제주점이 도내 1등 매장으로 도전하는 데 필요한 지원을 제공하였다. 또한, 경쟁사 대비 당사의 경쟁력을 개선할 방안을 현장에서 확인하고 즉시 조치한 좋은 사례이다. 만약 이러한 상황이 보고서로만 진행되었다면, 긴 시간이 소요되거나 진행이 어려웠을 가능성이 높았을 것이다.

나도 일선 매장에서는 최종 책임자이자 관리자이다. 나와 부점장, 파트장 사이에도 위와 같은 상황이 얼마든지 있을 수 있다. 점장이 현장을 살피지 않고 실무자들의 어려움이나 좋은 아이디어를 확인하지 않는다면, 신속한 판단과 훌륭한 결과를 기대하기 어려울 것이다. 만일 그러한 현장이 있다면 항상 제자리걸음을 하고 있을 것이며, 경쟁 상황에서 이길 수 있거나 큰 성과를 내지 못할 것이다.

점장은 항상 현장 중심 마인드로 구성원의 업무를 관찰하고 소통을 통해서 고객의 관점에서 판단하고 실행해야 한다. 그 결과 고객 만족을 통한 성과와 결과는 오랫동안 지속될 것으로 생각한다.

온오프라인 운영 시너지

제주도는 분명 육지 매장과 다르고 육지 유명 온라인 업체 공세의 사각지대임에도 불구하고, 전 사의 평균적인 잣대로 관리하는 것은 지금 현 상황에 맞지 않다고 본다.

By e-mail

부문장님께서도 강조하였듯이 제주점의 온라인 잠재력이 컸으며, 특히 경쟁사 대비에도 크게 우위에 있습니다.

1. 온라인 매출 우수 매장임.

2. 배송 확대 진행: 부문장 지시 사항 이행 관련
- 2가지 방법으로 진행 중. 이번 달 중 우선 가능한 기존 차량 배송 확대를 진행할 예정임
1) 각 배송 차량 일 배송 건수 확대

> 2) 배송 차량 1대 증차: 차량 확대에 따른 시간이 필요함.
> 3) 온라인 장보기 담당 충원
> 4) 개선 효과: 매출+00%

　제주점에 부임하고 온라인 현황과 개선 요청을 부문장님께 보고드린 내용이다.

　그러나 요청한 증차와 인원 충원은 이루어지지 않았다. 경쟁사 대비 온라인 매출이 앞서고 있었으나, 경쟁사가 배송 차량을 다수 증차하여, 하반기부터는 당점 대비 온라인 매출을 앞서게 되었다. 나는 온라인에 대해서 일선 점장 입장에서 매우 안타까웠다. 오늘은 우리의 온라인 관련 내 생각을 간단히 정리하고자 한다.

송파점 온라인의 안타까운 사례

　여기에서 이전 근무지였던 송파점 온라인에 대해서 안타까운 경험을 말하지 않을 수 없다.

　내가 부임하였을 때는 코로나 팬데믹 이전이었음에도 불구하고 송파점 온라인 매출은 연간 수십억 수준이었으며, 롯데마트 내 모바일 매출 규모로 2위였다. 처음 부임하였을 때, 나는 온라인 관리로 매우 힘들었던 기억이 난다. 그해 8월 하루는 모바일 담당으로부터 다급한 전화가 왔다. "점장님! 큰일 났습니다. 배송 기사님께서 배송 보이

콧을 하였습니다!" 나는 당혹스러웠지만, 담당을 안심시키고 11시까지 교육장으로 모여 점장과 배송 기사님과 허심탄회하게 대화를 나눌 수 있도록 준비시켰다.

많은 요구가 있었지만, 핵심은 1) 주문량에 따른 수당 조정 2) 생수 2L 6번들 주문 수를 2개로 제한해 달라는 것이다. 왜냐하면 경쟁사 배송 차량은 모두 동일한 운영 가이드라인이나, 당사만 달라 너무 힘들다는 것이다. 한여름에 생수 2L 6개 묶음을 5~6개 주문하여 엘리베이터 없는 빌라 5층까지 배송하는 일이 많다고 한다. 맞는 말이다. 더 고약한 것은 그런 고객께서 생수, 쌀과 같이 무거운 상품을 더 많이 주문하기 때문이다. 나는 기사님의 불만에 충분히 경청하고 공감하면서 하나하나 개선해 나갔다.

이러한 과정을 거쳐 겨우 안정화된 후, 다음 해부터 본격적인 성과를 내기 시작했다. 그러나 그해 갑자기 당사 온라인 배송센터 활성화를 위해 당점의 온라인 사업 전체를 김포 센터로 이동하게 되었다. 당시, 7월 방문한 부회장님께서는 유통 담당 임원께 강하게 문제를 제기하셨던 기억이 있다. 온라인은 신속한 배송이 핵심인데, 1시간 이내에 배송할 수 있는 지역의 신선 온라인 센터에서 5~6시간 걸리는 것은 '업의 본질'에도 맞지 않다고 개선을 강조하셨다. 그러나 그런데도 개선되지 않았다. 점장으로서 너무 안타까운 일이었다. 이후에 코로나로 주문이 늘어날 때 제대로 활용하지 못하였다. 송파점도 모바일 철수로 인하여 온라인뿐 아니라 오프라인 고객 감소가 눈에 띄게 줄어 매출에 악영향을 주었다. 반면에 당시 인근 경쟁사는 온라인 연 매출 100억에서 코로나를 거치면서 300억 대까지 성장하였다.

물론 온라인 운영에 대해서는 갑론을박이 많다. 배송 차량, 상품 포장 직원과 시스템 운영으로 인한 과다한 비용으로 손익에 부정적이라는 것이다. 틀린 사실은 아니나, 유통업의 트렌드를 읽지 못하고 하는 말이다. 쿠팡, 마켓컬리 등 온라인 전문업체는 고객 확보에 주력하고 있는 반면에 우리는 기껏 조금 운영하는 상황에서 손익만 따지고 있기 때문이다.

모든 경쟁사뿐 아니라, 온라인 업체의 매출은 갈수록 증가하고 있다. 하지만 대형마트는 전혀 방어하지 못하여 더 많은 객 수 이탈이 따르고 있다. 온라인의 트렌드는 필수적으로 증가하고 있으며 분명 필요하다. 그렇다면 '어떻게 효율을 개선할 것이냐?'와 '오프라인과 어떻게 시너지를 낼 것인가?'에 집중적인 연구가 필요한 것이지, 줄이거나 없애는 것이 답이 될 수 없다고 생각한다.

더욱 안타까운 소식은 그로부터 몇 년 후 송파점 온라인 사업은 신선 온라인 센터의 정상화 실패로 다시 송파점으로 운영권이 돌아왔으나, 코로나 전의 배송 차량과 주문 물량에서 코로나 이후 온라인의 수요가 증가했음에도 불구하고 절반 수준의 물량으로 돌아왔다고 한다. 그리고 한번 돌아선 고객을 되돌리기 위해서 더 많은 시간과 에너지를 투입해야 했다.

메가스터디교육의 온오프라인 성공 사례

온라인 대입 강의로 유명한 메가스터디교육(주)에 잘 아는 지인이 있어 성장과정을 많이 들었다. 우리 유통과 동일하지 않지만 20년간 비교 관찰해 온 것으로 '업의 본질'은 일맥상통한다고 생각하는 회사이다. 메가스터디교육은 온오프라인 동시에 시장을 석권한 대표적인 기업이다.

'어떻게 오프라인과 온라인 동시에 시장을 석권할 수 있었나?'

메가스터디교육도 처음에는 오프라인 학원에서 시작하여 온라인 강의로 사업을 확대한 대표적인 온오프라인 서비스 업체이다. 지금은 온라인 강의와 오프라인 학원으로 매출 1조 원 기업으로 성장하였는데, 어떻게 해서 가능했을까? 메가스터디교육은 유통업과 판매하는 콘텐츠만 다르지, 비즈니스의 방식은 유사하므로 충분히 벤치마킹할 수 있다고 생각했다.

한 사례로, 메가스터디교육의 지인께서 "학원 원장으로 마트 점장 출신을 영입하고 싶다."고 언급하셨다. 이유는 오프라인 학원장의 역할이 마트 운영과 유사하다고 생각하셨기 때문이다. 이후 실제로 마트 출신 점장 몇 명을 학원 원장으로 영입하였다. 그리고 온라인 메가스터디교육의 성공 요인에 대해서 글을 이어가면, 처음 온라인 사업을 시작할 때 1등 온라인 학원 전문회사가 있었다고 했다. 온라인 강의의 핵심 요소는 속도였다. 그러기 위해서는 서버 용량이 중요했는데, 경쟁사는 어마어마한 비용을 직접 투자로 서버 용량을 확장한 반면에 메가스터디교육은 리스 자금을 통해서 같은 비용으로 2~3배 이상 서버 용량을 확보하여 속도 경쟁에서 이길 수 있었다라고 했다.

또한 콘텐츠가 중요한 만큼 손 사탐으로 유명한 손주은 회장이 오프라인 최고 강사를 최고 대우로 온라인 콘텐츠를 만들어 나가 성공할 수 있었다. 그 결과 온라인을 통해서 수강생을 확보하고 지방 오프라인 매장을 확대하므로 기존의 중소학원 학생뿐 아니라, 학원이 없는 도서지역까지 고객으로 확보하는 데 성공하였다. 이러한 측면에서 우리 대형 할인점은 과연 그런 과감한 투자와 상품 라인 구축을 위해서 노력했는가 반문해 보고 싶다.

제주점 온라인의 특성과 잠재력

처음 제주점에 부임하고 깜짝 놀란 것은 온라인 매출을 확인하고서였다. 위에서 부문장님께 보고하였듯이 잠재력이 매우 높았으며, 점 실적에 기여하는 부분도 컸다. 그 원인은 간단하다. 섬 지역이기 때문이었다.

쿠팡과 마켓컬리 등 유명 온라인 업체도 제주도에서 주문과 배송이 가능하나, 도서 지역 배송비 3,000~5,000원이 추가되는 문턱이 있었다. 그래서 제주도민들은 육지 고객들에 대비하여 온라인 이용률이 많이 떨어졌다.

이 사실을 확인하고 공짜 매출을 얻었다는 생각에 마음으로 환호했다. 쉽게 말하면 상대의 약점은 곧 나의 강점이 될 수 있기 때문이다. 유명 온라인 업체와 달리 현장에서 배송하기 때문이다. 그래서 온라인 사업영역을 매장 성장의 한쪽 축으로 보고 적극적으로 챙기고 관리하였다.

부임해 연 매출 000억 수준이니 얼마든지 확장이 가능한 영역이었다. 더욱이 온라인 담당은 상품 포장 담당과 배송 기사 등의 스킬도 잘 관리되고 있어, 나는 더없이 천군만마를 얻은 것처럼 든든한 성과 창출 원동력을 확보한 마음이었다.

> ◆ **온라인 확대 계획 보고**
>
> * 도면 참고
> 1) 증차 계획: 00대 → 00대 (3대 증차)
> - 5월부터 0대 확정 * 지속 증차 예정
> 2) 온라인 상품 포장 작업장 확대: 00평 규모
> - 차량 00대 이상 운영 가능 면적
> - 24일까지 완료 예정

하지만, 제주점 온라인 또한 송파점과 유사한 일의 반복으로 아까운 시간을 낭비하였다. 부임 첫해, 매장의 요청으로 겨우 1대 증차하였으나, 상품 포장 담당의 역량이 안정될 때, 또다시 전 사 일괄 차량 축소로 0대를 줄였다.

그렇게 1년을 보내는 사이에 경쟁사는 배송 차량 증차로 갈수록 온라인 매출이 증가하여 당사를 능가하는 성과를 내고 있었다.

우리가 같은 기간에 매출 목표와 차량 가동률 달성률 100% 이상 성과를 낼 뿐 아니라 신장률도 10% 이상 증가한 것은 지속적으로 증차를 요청한 결과이다. 하지만 전 사 가동률이 줄었다고 제주점의 특성을 반영하지 않고 다시 배송 차량을 0대 줄였다. 이는 정말 잘못된 결정이라고 생각하며, 일희일비하기보다는 장기적인 관점에서 접근해야 한다고 본다.

제주도는 분명 육지 매장과 달리 쿠팡이나, 마켓컬리 공세의 사각지대임에도(2022년 기준) 불구하고 전 사의 평균적인 잣대로 관리하는 것은 지금 현 상황에 맞지 않다고 본다. 지난 10년간 점장들이 기억하는 온라인 정책의 불분명한 변경으로 시간 낭비와 내부 구성원들의 불만만 초래한 결과를 가져왔다.

이렇듯이 온라인 운영에 대해 일선 점장으로서 안타까운 점이 정말 많다. 그러다 보니, 대부분 점장들의 관심도 운영 효율을 높이는 데 집중하기보다는 손익 관점으로만 분석하여 실적의 부진과 관리 미흡에 대해 자기 합리화만 하고 있다. 정말 치열하게 고민하고 개선해도 온라인 전문회사의 공세를 막기 어려운 영업환경이다. 더욱 안타까운점은 점장들의 인식에는 매장 내에서 온라인 운영 업무는 하지도 않아도 될 부가적인 일로 관리하여 생존하기 어렵다.

점장들이 이러한 온오프라인 상황을 가장 잘 이해하고 있으므로, 전국에 많은 매장을 운영하는 우리 롯데마트는 각 지역의 특수한 잠재력을 찾아내고 이를 성장의 동력으로 삼는 것이 중요하다고 생각한다.

온오프라인 활성화 기회

> 온라인 이용 고객은 60%가 온오프라인을 이용하며, 그중 90%가 VIP 고객이다. 점장의 입장에서 보면 충성 고객을 확보하고 영업하는 것만큼 안정적인 실적 관리가 없다. 이분들은 좋은 행사 정보가 있으면 제일 먼저 움직인다.

이건희 회장의 자서전에서 본 기억이 난다. 유통업의 키워드는 '부동산'이고, 반도체의 키워드는 '속도'라고 했다. 그렇다면 온라인 유통의 키워드는 무엇일까? 마트 점장이 현장에서 느끼는 것은 '속도'라고 생각한다. '고객이 찾는 좋은 상품을 신속하게 고객이 원하는 곳으로 배송하느냐!'에 달려 있다.

이 점에서 대형마트가 유리한 것은 신선식품을 매일매일 최고의 품질로 유지하고 고객께 전달할 수 있다는 것이다. 그래서 나는 점장으로 있으면서 온라인몰을 운영하는 지점을 선호했다. 이는 기존 지역과 거리 기반에서 확보하지 못하는 고객을 얻을 수 있기 때문이다. 점장으로서 이를 잘 관리하면 객 수와 매출 개선을 견인할 수 있어 실적 관리에 매우 유리하다.

| 대형마트의 온라인 활성화 방안

1. 매장에서 속도 개선 방안에 집중

온라인 근거리 배송을 운영하는 점에서 '속도'를 개선하려면 '현장 파트장, 상품 포장 담당, 배송 기사'가 삼위일체가 되어야 한다.

1) 매장에서는 결품 없이 언제든지 고객 주문 상품의 재고가 확보되어 매장에 진열되어 있어야 한다.

2) 온라인 코너에서는 상품을 포장하는 구성원이 배송 차량당 0.0명이 있어야 한다. 제주점을 기준으로 많은 배송 차량과 상품 포장 담당이 고객의 주문을 받고 포장한다. 이분들의 숙련도가 매우 중요하다. 오류율도 적을 뿐 아니라 속도에도 큰 영향이 있다.

3) 배송 기사는 신속하고 정확한 배송이 중요하다. 현장 파트장, 상품 포장 담당, 배송 기사가 모두 원팀으로 움직여야 가능하다. 상품 주문과 포장이 완전 자동화가 되지 않는 한, 지금 상황에서는 이것이 최상이다.

2. 온라인 이용 고객은 60%가 온오프라인 동시 이용

현장 매장의 상황에서 분석하면, 온라인 고객의 60% 수준은 온오프라인 매장을 같이 이용한다. 즉, 한번은 오라인 주문, 한번은 매장에 직접 방문한다. 이 고객의 90%는 VIP 고객이다. 그래서 월 구매력도 상위 20% 이상 범위에 모두 있다. 점장의 입장에서 보면 충성 고객을 확보하고 영업하는 것만큼 안정적인 실적 관리가 없다. 이분들은 좋은 행사 정보가 있으면 제일 먼저 움직인다.

행사 효과를 높이고 지역 상권에서 오피니언 리더로서 매장홍보의 마케터나 다름이 없다. 한번은 송파점에 있을 때의 일이다. 당시 온라인 고객이 일 000명으로 전체 고객 구성비 0%였으나, 매출 구성비는 2배로, 일반 고객 대비 월 구매력이 2배로 높았다. 그런데, 신선식품 가공 센터 이관 후 점 매출 영향력은 3배 이상 하락으로 매장의 객 수가 거품같이 사라진 느낌이었다. 이때는 코로나 이전으로 지금 같은 상황에서 발생하였다면 더 큰 매출 하락으로 이어졌을 것이다. 단순한 온라인 매출을 단순한 손익 관점으로 보지 말고, 매장 매출 기여도는 관점에서 분석하면 실제 대비 2배 정도 높게 나타나고 있으며, 장기적으로 객 수 이탈을 방지하는 효과도 같이 있다. 다시 한번 강조하고 싶다. 현장 매장에서 온라인 병행은 점 실적을 유지해 주는 든든한 충성 고객을 같이 갖고 있는 것이나 다름이 없다.

3. 온라인에 강한 카테고리

온라인 매출을 분석해 보면, 과일, 계란, 축산, 유아동 먹거리, 기저귀, 과자, 생수 등 특정 카테고리에서 강한 매출을 보인다. 이는 고객들이 마트를 통해 이러한 제품을 구매하는 것이 다양한 측면에서 큰 혜택이 있음을 알고 있기 때문이다. 점장 입장에서는 확실히 믿는 구석을 하나 가지고 영업하는 것이다. 지금처럼 무한 경쟁의 영업 현장에서 이만큼 좋은 것은 없다. 반면에 다른 카테고리의 상품이 부진하거나, 기복이 심해서 불안한 카테고리 영업 관리를 하는 것만큼 힘들게 하는 것이 없다. 나는 항상 온라인의 중요 매출 리딩 카테고리에 대해서는 담당들과 지속적으로 소통하고 있다.

예를 들면, 축산 코너에서 1년에 두 번 하는 한우 행사 날에는 온라인 매출만 20% 이상 발생하여 행사 날 1억 매출할 것을 1.2억 이상 발생시키고 있으며, 명절 전에 LA갈비 행사에서도 수천만 원을 발생시키고 있다. 재고 확보와 상품 회전에도 부담을 줄여주어 파트장은 항상 점장에게 온라인이 없으면 너무 힘들다고 한다.

현장의 많은 점장은 온라인 운영을 반기지 않는다. 앞에서도 언급하였듯이, 점장 입장에서는 관리 영역이 한 가지라도 줄어들면 점 운영이 수월하다. 그리고 비용적인 관점(이것 또한 본사에서 프레임을 씌운 그것에 불과하지만)으로만 보고 비판적으로 말한다. 나는 이를 정말 근시안적이며 회사의 미래를 생각하지 않는 태도라고 생각한다. 그러면 지금까지 왜 지속적으로 이 힘든 일을 유지하고 있을까? 미래를 생각하면 우리는 반드시 온오프라인을 병행해 운영하여야 한다.

LG화학의 배터리 사업은 10년 적자 끝에 잭팟을 터뜨렸다. 온라인도 마찬가지라고 생각한다. 전국에 거점 물류센터를 가지고 있는 것이나 다름이 없는 대형마트는 향후 상품 포장의 자동화가 혁신적으로 개선된다면, 기존의 온라인 중심 경쟁사에 대한 경쟁력도 월등히 개선될 것으로 생각한다. 새로운 관점에서 다시 한번 보자…

S 대리의 '온라인 운영의 키워드'

코로나로 인한 팬데믹에서 2023년 11월, 엔데믹을 선언하자. 매월 고신장 매출에서 저신장 매출 또는 역신장 매출로 매출의 흐름이 바뀌기 시작하였다. 팬데믹 당시 이 커머스가 차지하는 매출의 구성비는 월 평균 00%였고 엔데믹 이후 현재 매출액 구성비를 보면 00%로 낮아졌다. 어려운 상황이지만 구성비 00%로 방어하고 있는 가장 큰 이유로는 상품의 준비부터 배송까지 준비하는 '상품 포장 담당 및 배송 기사'의 노력이 있었기 때문이다.

이 부분을 운영상의 문제점과 점포 관리 측면에서 살펴보겠다. 우선, 대형 유통회사의 경우 온오프라인에서 동시에 상품을 운용하다 보니 상품 제공이 원활하지 못한 현상이 종종 발생한다.

고객은 상품을 주문하고 점포에서는 주문된 리스트를 가지고 배송 준비를 하지만, 상품 담기 시점에 상품 부족으로 배송되지 못하는 '결품' 이슈가 발생한다. 이는 온오프라인을 동시 운영하는 유통사에서 온라인의 주문 후 픽 패킹 시점과 오프라인 쇼핑 시점이 동시에 이뤄지기에 '결품'으로 인한 고객 불편이 적지 않게 발생하는 것이다.

하지만 온라인 전용 이 커머스의 경우 준비된 수량만의 주문과 주문 완료 시 '품절' 처리가 즉시 적용되며 추가 주문이 발생하지 않는 시스템이기에 고객 관점에서 주문 후 수령하지 못하는 불편이 최소화되어 있다. 이와 같은 문제점은 온오프라인을 동시에 운영하는 모든 유통사에서 가장 큰 문제며, 시급하게 해결해야 할 과제라고 생각된다.

이런 어려운 상황 속에서도 맡은 바를 성실히 수행하는 팀원들이 온라인 부문을 이끌어 가고 있다. 상품 포장 담당으로서 상품의 신선도를 최우선시하고 상품 담기와 포장 시 상품이 파손되지 않도록 업무하는 습관과 우수한 상품 포장 담당들의 상시 경험 공유, 배송 기사는 운행 앱을 통해 적절한 운행 시간 관리와 배송 시 상품 누락 및 파손 없이 마무리한다. 간혹 발생하는 고객 불만 시에도 남 탓이 아닌 팀원으로서 함께 해결하며 파트장과 소통하는 행동들, 이 모든 과정 하나하나와 팀원 모두가 모여 제주점 온라인팀을 유지하고 성장시키고 있는 원동력일 것이다.

'혼자서 잘할 수는 없다.' 모두가 함께하기에 가능했던 일. 상품 포장 담당과 배송 기사 포함 수십 명, 한 팀에서 이렇게 많은 인원이 근무하는 부서는 그리 많지 않다. 인원이 많다 보니 비좁은 공간과 부족한 전산 기기로 업무 효율을 높이기에는 많은 어려움이 있었으며, 밀려오는 주문으로 매출액의 상승이 있지만, 그로 인해 포장 담당 및 배송 기사들의 노동 강도와 피로도는 빠른 속도로 누적되고 있었다.

이 상황을 돌파하기 위해 빠른 전환이 필요하고 정신적으로 기댈 곳 또한 필요하였으나, 안타깝게도 점장님의 발령이라는 변수까지 발생하였다.

상황은 더 어렵고 힘들어졌으며 서로가 의지하고 좋은 상황이 올 것이라는 기대로 하루하루 버티는 것으로 지쳐갈 때쯤 '간절히 바라면 이뤄진다.'라는 팀원들의 바람이 새로 부임하신 점장님께 전달되었는지, 많은 대화를 나누자고 미팅을 요청하셨다.

제주점 부임 당시, 점장님께서 온라인팀의 업무와 인적 고충을 잘 알고 있으니, 때와 장소를 가리지 말고 소통하며 적극적으로 도와주겠다고 말씀하셨다. 처음에는 듣기 좋은 말로만 생각했지만, 미팅 이후 점장님께서는 매일 상품 포장 코너를 방문하시고, 대화뿐만 아니라 고충과 개선 방법을 찾으며 파트장과 소통하는 모습으로 늘 노력해 주셨다. 이러한 점장님의 헌신적인 모습은 사막의 오아시스처럼 팀원들에게 큰 감동을 주었다. 또한 파트장으로서 감당하기 어려운 일이 생길 때는 적극적으로 소통해 주시고 해결할 수 있는 솔루션까지 제시해 주시니 파트장의 성장도 자연스럽게 이어질 수 있었다.

다른 부서의 팀원들은 온라인 파트장이 잘하니 모두가 원팀으로 일하고 좋은 성과도 나온다고 말하였지만, 파트장 본인은 그렇게 생각하고 있지 않았다. 놓칠 수 있는 아주 작은 것부터 세심하게 챙겨주고 그저 일을 던져주는 것이 아니라 같이 고민하고 효과를 낼 수 있도록 가르쳐 주신 열정적인 점장님이 계셨기에 가능했던 일이라 생각한다.

좋은 사례로 제주점 바로 옆에는 경쟁사가 있으며 동일하게 모바일 운영을 한다. 시기적으로는 매월 또는 분기별 경쟁사의 기사분들께서 우리 매장에서 일할 수 있느냐는 연락이 오기 시작하였다.

처음에는 이탈하려는 이유를 묻지 않았으나 여러 번 연락이 오게 되니 궁금하여 한번 여쭤보았다. "우리 매장으로 오시려는 이유가 무엇입니까?" 그러자 곧바로 나온 대답은 "일을 시키려는 것보단 같이 하기 위해 노력하며 가족 같은 분위기라는 소문, 그게 너무 부럽기에 가고 싶습니다."라는 대답이었다.

그리고 몇 개월 후 연락되었던 분과는 인연이 되지 않았지만, 다른 분이 제주점으로 오시게 되어 자세한 얘기를 듣게 되었는데 "경쟁사는 업무 시스템적으로 좋지만 '원팀'으로 일하기에는 너무 힘들다."는 얘기였고 "배송 기사들을 배송 기사로만 생각하는 것 같다."라는 얘기였다.

참으로 안타까운 일이었고 더 자세한 얘기가 궁금하였지만 직접 겪지 않은 일을 한 사람의 얘기만 듣고 판단하고 싶지 않기에 더 이상 여쭤보지는 않았다.

이런 과정들을 겪으면서 온라인 파트장으로서 자긍심이 생겼고 '원팀'의 효과를 정확하게 알게 되는 계기도 되었다. 어려운 상황이 때에 따라, 오랜 기다림이 필요할 때도 있다.

팀원 모두가 조급하게 접근하지 않고 합심하며 끈기 있게 기다려주고 도움을 준 마음에 감사함을 전한다.

벤치마킹에 대하여

전쟁에서 밀린다고 모든 전선에서 밀리는 것이 아닌 것과 같다. 그중 약한 전선에서 부분적인 승리를 거둘 수 있으면, 이러한 것이 쌓여 전쟁에서 역전할 수 있는 것이다.

By e-mail

업무 전달: 몇 가지 벤치마킹 포인트

1. 우리도 서핑보드 판매 가능한지 확인 바랍니다.
2. 스포츠 의류 행사 효과 좋았습니다.
우리도 지속적으로 미입점 행사 유치 노력 바랍니다.
3. 화장품 코너 영업준비가 우리 점과 너무 대조적입니다.
→ 우리 브랜드와 소통하여 최소한 경쟁사 대비 밀리지 않도록 진열과 매대 관리하도록 챙겨보세요.
4. 신선은 여러모로 우리가 우위를 유지할 수 있다고 생각했습니다. 코너별로 확실하게 이길 수 있도록 지속적으로 벤치마킹하세요.

> 5. 비식품은 이번 상품 개편 시 낡은 집기를 교체하고 매장을 정비하는 것이 좋겠습니다. 경쟁사 매장은 면적도 넓고, 구색, 진열도 훌륭했습니다.
> 6. 신선, 조리 상품 중 보강이 필요한 부분에 대해서 경쟁사 대비 어떤 것이 있는지 코너별로 조사하고 상품 개편 시 요청하도록 합시다.
> 7. 경쟁사는 할인점 매장의 표준형 매장으로 우리 매장의 차별화 상품 (유니클로, 토이저러스, 패션 프라자, ABC 등)의 경쟁 우위가 매우 중요하다고 생각했습니다.
> 이번 상품 개편 시 이 부분 보강에 대해 좀 더 고민해 봅시다.
> 이상입니다.

벤치마킹에 대하여

이번에는 경쟁사 벤치마킹에 대해서 일선 매장에서 갖고 있는 생각을 다시 생각해 보겠다. 벤치마킹은 다양한 업계 경쟁사 간에 앞서가는 기업을 관찰하고 분석하여 자사의 미흡한 점을 보강하고, 강점을 강화하여 업계 리딩 기업으로 도전하는 데 많이 사용하는 기법이다.

"벤츠나 BMW 신차 나오면 바로 구입해서 하나하나 분해하여 파트별 즉, 엔진 파트, 프레임 파트 등등에서 우리와 비교 분석 하고 있다."라고 고충 아닌 자랑을 늘어놓던, 현대자동차 연구원으로 있었던 사촌 형님이 젊은 시절인 1990년대에 한 말이 지금도 생생하게 기억난다.

당시만 해도 현대자동차가 세계적인 기술 수준에 못 미치고 있어서 이러한 방법으로 선진 기술을 빨리 대응하고자 노력하여 지금은 세계 5대 자동차 메이커가 되었다.

다시 우리의 유통 무대로 돌아오면, 현재 객관적으로 경쟁사가 업계 선두이고 우리가 추월하려고 노력하는 것이 사실이다. 회사 전체가 경쟁사를 뛰어넘어 1등을 탈환하기 위해서는 오랜 시간 노력하여 탄탄한 실력을 쌓았을 때 기회를 잡을 수 있다. 하지만 하나의 매장은 좀 다르다. 전쟁에서 밀린다고 모든 전선에서 밀리는 것이 아닌 것과 같다. 그중 약한 전선에서 부분적인 승리를 거둘 수 있으면, 이러한 유리한 전선이 확대되어 전쟁에서 역전할 수 있는 것이다.

점장은 마치 로마제국의 각 군단이 여러 전선에서 전투를 벌이는 로마군의 켄투리아, 즉 백인대장과 같다. 전국 각 지점에서 영업 중인 우리 매장은 매일 해당 지역의 경쟁사와 상권을 두고 치열한 경쟁을 벌이고 있다. 점장이 이러한 구도 속에서 본인 역할과 미션을 어떻게 갖고 있느냐에 따라서 일선 전투뿐 아니라, 전쟁의 승패에도 큰 영향을 미친다.

벤치마킹은 전투를 위한 중요한 기본 활동으로, 고객과 경쟁사의 동향을 주기적으로 파악하여 전투를 치르고 있다면 언젠가 전투에서 꼭 승리하게 된다고 믿고 있다.

벤치마킹의 오류 사례

현장 담당 대부분의 벤치마킹 자세에 대한 오류를 몇 가지만 살펴보면 다음과 같다.

1) 상대방의 단점만 보고 와서는 결품이 많다, 대면 직원이 없다는 둥 하면서 안일한 자세를 가지고 있다. 그래서 우리는 그들보다는 잘 하고 있어 문제없다고 한다.

2) 지금 여건에서 불가능한 것만 보고 와서 본사, 회사 탓만 하는 경우이다. 한 예를 들면, 베트남군이 미군의 전투기와 헬리콥터 등 첨단 무기가 없어 어쩔 수 없다고 생각했다면 전쟁에서 승리할 수 있었을까?

3) 내가 하는 일만 잘하면 된다는 고집으로 업무하는 것이다. 이것은 고객 중심의 쇼핑 트렌드와 상관없이 영업하겠다는 변화에 둔감한 자세이다. 우리도 기억할 것이다. LP판 지구레코드 회사는 80, 90년대 우리나라 최대의 음반 회사였으나, 고객의 변화를 감지하지 못하여 결국 시장에서 사라졌다.

나는 담당들이 매출로 고민하고 있으면 경쟁사를 가보라고 권한다. 같은 일을 하는 사람이라면 작은 변화도 쉽게 감지할 수 있다. 매일매일 전투를 벌이는 할인점에서는 매일매일 엄청난 변화가 있는 것이 아니라 매일매일 습관처럼 1mm씩 작은 변화가 진행되며, 같은 일을 하는 사람이라면 그 정도는 포착하고 예측해서 다시 나의 업무 개선을 통해 활력을 불어넣고 동기부여 해야 한다, 고 생각한다.

그리고 벤치마킹을 통한 아이디어는 개선의 모티브를 얻는 기회가 된다. 어떤 때에는 모든 것을 분석하고 고민하고 생각해 봐도 해결 방안이 떠오르지 않는 경우가 많다. 이럴 경우 동종업계를 벤치마킹 하면서 아이디어를 생각해 내는 좋은 기회가 된다.

벤치마킹 성공 사례

벤치마킹을 할 때는 내가 잘하고 있는 업무는 그대로 유지하면서, 경쟁사가 10가지 중 9가지를 못하고 우리보다 한 가지만 잘하는 경우 그 아이디어를 빌려와 내게 적용하고 개선하는 것이 중요하다. 이러한 과정을 거쳐 쌓인 개선이 고객들에게 인지되면, 결국 그들은 다시 방문하게 된다. 제주점의 대표적인 대응 사례로는 축산 코너 삼겹살 가격 운영이다. 축산 파트장은 삼겹살 가격 하나는 절대 경쟁사에 밀리지 않는다는 전략으로 매주 가격 조사를 하여 대응하였다. 특히 제주도에서는 가축 방역의 하나로 육지 돼지고기를 팔 수 없다. 그래서 바로 비교가 되는 핵심 상품이 되는 것이다. 경쟁사가 전단 행사를 할 때는 어떻게 대응하는지 파트장을 봤다. 우리가 도저히 따라갈 수 없을 때는 본사 축산 상품팀과 공급 업체와 수없이 소통하여 마진을 확보하고 대응하고 있었다. 슬기로운 대응에 감탄할 수밖에 없었다. 이러한 결과 제주도 內에서는 가장 신뢰받는 축산 코너가 되었다.

나는 도내 1등 도전을 목표로 경쟁사와 우리 매장의 모든 것을 조사하였다. 신선 과일의 구색, 수산의 활대게 판매, 조리의 먹거리 행사, 가공식품의 진열 길이와 구색, 브랜드 등에서 전체 브랜드는 우리가 압도하지만, 여전히 부족한 부분이 있었다. 예를 들어, 수영복, 여행 가방 등과 같은 품목, 그리고 고객 편의시설 중 세탁소, 전기차 충전소 등 우리가 갖추지 못하거나 부족한 부분이 있었다. 이러한 모든 항목을 리스트업 하여, 하나하나 보강할 계획을 수립하고 실행해 나갔다.

절대 하면 안 되는 벤치마킹 사례

물론 이러한 바탕에는 고객 중심 사고를 기반으로 두어야 한다고 구성원들에게 항상 강조한다. 원칙과 기준이 없이 벤치마킹한다면 우리의 정체성은 없어지고 업체 장점만 카피하는 매장으로만 남게 되며 결국 매력 없는 매장으로 고객으로부터 외면당하고 만다.

현대자동차와 대우자동차를 비교해 보면 잘 알 수 있다. 좀 연배가 있는 분이라면 잘 알고 있을 것이다. 80년대까지만 해도 현대자동차가 대우자동차를 앞서가지 못했다. 하지만 지금은 대우자동차가 없어지고, 현대자동차는 세계적인 자동차회사로 성장했다.

90년대까지만 해도 우리나라 자동차 업계는 미국과 일본을 베끼기에 여념이 없었다. 앞의 사촌 형님 사례와 같이 현대자동차도 지속적으로 외국 업체를 벤치마킹하였다. 이를 통해 자체적인 기술 혁신과 품질 개선으로 현대자동차만의 브랜드와 상품의 가치를 창출하면서 세계적인 기업이 되었지만, 대우자동차는 그렇지 못하여 도태되고 말았다.

무조건 경쟁사를 벤치마킹하자는 것이 아니라 적용할 때는 우리에게 맞게 적용하고 재창조해야 한다는 것이다. 이러한 과정이 쌓이면 결국 고객으로부터 사랑받는 우리만의 길을 갈 수 있다.

제주점 전단 동향 보고

> 나는 전단을 할인점에서 발행하는 소식지라고 생각합니다. 꾸준한 소통과 진정성 있는 전단 운영입니다.

By e-mail

제주점 전단 동향 보고드립니다.
전체적으로 행사 Boom-up을 위한 VMD 연출은 창립 행사에 맞게 전개하고 있으나, 행사 상품의 인지도는 축산을 제외하고 다소 아쉬운 점이 있습니다. 이러한 전개효과 미흡으로 인하여 오전 객 수는 다른 전단 첫날에 비해 큰 차이가 없었으나, 오후에 집객이 되고 있는 상황입니다.
1. 신선식품의 경우 축산 상품의 행사 임팩트와 집객력이 있어 양호합니다. 하지만 작년 LA갈비 할인가가 1,980원이었으나, 올해 3,288원으로 가격 메리트가 많이 떨어져 전체 매출에 영향을 미치고 있습니다.
2. 농산과 수산의 전단 제품의 고객 반응은 양호합니다. 하지만, 아쉬운

점은 오렌지 한 망 가격은 14,900으로 10개 이상 담기 어려울 만큼 망이 작아 메리트가 없습니다.
3. 조리식품의 닭강정은 양호하나, 한 판 초밥 등 다른 상품의 임팩트는 미흡합니다.
4. 가공의 경우 전반적으로 가장 아쉽습니다.
딱히! 기억나는 상품이 없을 만큼 미흡합니다. 1+1 상품인 남자라면, 참치행사 등은 고객 인지도가 떨어지거나, 기존의 행사와 차별이 약합니다. 특히 켈로그 프링글스의 경우 교차 적용이 안 되는 점이 가장 아쉽습니다. 냉장 밀키트의 경우 유통기한이 짧은 상품으로 다다익선보다 특정 단품 파격가 행사가 좋을듯했습니다.
그리고 양주의 트렌드가 좋은 반면에 양주 행사 상품 수와 공급이 미흡합니다. 특히 인기 양주 글렌 파 클라크, 탈리스커 등 점 입고 10~20병 수준으로 파트너사에서는 추가 공급 물량이 부족하다고 합니다.
마지막으로 가공 행사 가격 전산 적용 오류 문제는 해마다 반복되고 있습니다. 전반적으로 현장에서 느낀 점 중심으로 정리했습니다만 차츰 객 수가 증가하고 있는 만큼 주말까지 물량 준비 잘 챙겨 영업에 집중하도록 하겠습니다.

전단 운영에 대한 소회

상기 메일은 창립 행사 전단 점검에 따른 현장 분위기와 상품에 대한 고객의 반응과 전단의 장, 단점을 있는 그대로 정리한 내용이다. 이를 계기로 할인점에서 운영되고 있는 전단에 대해서 좀 더 효과적으로 운용할 수 없을까? 생각해 보았다.

나는 전단을 할인점에서 발행하는 소식지라고 생각한다. 사실 쇼핑 정보지가 맞다. 혹자는 다양한 SNS 정보가 난립하는 지금 시기에 전단에 대한 효과가 있냐고 많이 반문한다. 맞는 말이다. 초창기 할인점의 경우와 비교하면 많이 부족한 것이 사실이다. 고객의 입장에서 보면 현재 다양한 채널을 통해서 쇼핑할 기회와 쇼핑 정보를 받아보고 있기 때문이다. 하지만, 일선 매장에서 느끼는 점은 꼭 전단이 필요하다고 본다.

예를 들어 최고의 인기를 누리는 배우가 매일 TV 프로그램이나 광고에서 볼 수 있다가 차츰 보는 빈도수가 줄어들게 되면, 시청자의 기억 속에 자연스럽게 사라지는 것과 같기 때문이다. 할인점에서 전단은 자신의 정체성을 드러내는 것이며, 존재감을 지속적으로 고객들에게 각인시키는 효과가 있다고 생각한다. 단, 전단을 전달하는 매체와 배포 방법 등 고객들에게 노출하는 것은 시대에 맞게 진화되어야 할 것이다.

1. 전단 내용

대중의 쇼핑 트렌드를 리드할 수 있어야 한다고 본다. 동네 슈퍼마켓이나, 식자재 마트의 전단은 오로지 가격을 중심으로 마케팅하는 것을 흔히 보았을 것이다.

당연히 대형 할인점은 그런 내용을 중심으로 하고 있지 않지만, 고객이 기대하는 전단의 역할을 충분히 하지 못하고 있는 것도 사실이다. 어떤 때에는 기계적으로 전단이 나오고 있다는 생각이 들 때가 많이 있다. 단순한 시즌 상품과 신상품, 가격 메리트가 있는 상품 중심으로 구성되어 있기 때문이다.

사실 고객이 전단을 보는 이유는 80%가 내가 사고자 하는 상품이 행사 가격으로 있느냐? 하는 것이다. 고객이 생각지도 못한 상품인데, 좋은 가격으로 시의적절하게 제안된다면, 고객님들이 너무 반가워하며 구매하는 것을 많이 보았다. 이러한 상품 노출로 매장 현장에서 추가적으로 기대하는 것은, 고객의 객단가가 자연스럽게 올라가며 입소문 마케팅까지 가능해지는 것이다.

대부분의 고객은 전단을 직관적으로 훑어보며 좋은 상품이 있는지 없는지를 판단한다. 따라서 전단의 한 페이지에는 우리 회사의 정체성을 명확히 반영해야 한다. 그럼 경쟁사 또는 여타의 광고와 차별화될 수 있다. 그렇지 않을 경우 아무런 효과가 없는 전단이 된다.

전단은 고객의 심리를 빠르게 반영해야 한다. 최근 소비자 경기의 어려움과 물가 인상 시기에 맞게 동네 슈퍼에서 공동구매 상품을 매장 입구에 진열하고 판매 일정을 예고하는 광고를 보았다. 또한 인터넷에서도 고가의 골프채 등의 공동구매로 구매자의 주문을 받는 것을 자주 볼 수 있었다. 대형 할인점에서는 이러한 구매 트렌드를 선도할 수 있어야 한다.

새로운 상품으로 블루오션을 개척해야 한다. 과거 킹크랩, 랍스터 등을 할인점에서 확대한 대표적인 성공 사례가 있듯이 지속적으로 새로운 상품 영역을 개발하고, 고객의 인지도를 높여야 한다.

2. 매장에서 전단 전개

10여 년 전에 한 매장에서 매출 활성화 TF를 진행할 때의 경험이다. 팀원들 간에 토론을 통하여 '억' 소리 나는 상품을 일자별로 운영했다. 매장 자체 전단(본부와 협의하여, 전단 일부 공간에만 매장 의지로 상품을 게재하는 방식) 기획 난에 싣고, 매장에 전개하였는데, 오픈 전에 매장 건물 주변을 뼁 둘러 고객이 대기하였다.

잘 알겠지만, 실제로 '억' 소리 나는 상품처럼 터무니없는 가격은 불가능하다. 다만 합리적인 행사 가격에서 5~10% 정도의 추가 반영은 할 수 있다. 그런데도 고객들이 오픈 런을 했다. 반면, 동일한 전단 행사를 다른 점에서 실행했을 때는 전혀 오픈 런이 없었고, 단지 메리트 있는 상품이라는 인식만 있었던 상황이었다.

3. 왜 전단 효과가 미흡할까?

전단의 효과가 극대화되려면, 현장에서 경험한 사례로 3가지 원인이 있다고 생각한다.
1) 전단 기획 의도가 심플하고 분명해야 한다.
2) 그리고 전단에 정확하게 표현되어야 한다.
3) 점 현장에서 상품을 운용하는 담당이 전단의 의도와 목표를 분명하게 이해하고 매장에서 전개하고 판매해야 한다.

가장 아쉬운 점은 전단을 준비하는 마케팅 부문, 상품을 준비하는 상품 부문, 현장에서 상품을 전개하고 판매하는 영업 부문 간의 삼위

일체가 미흡한 문제라고 생각한다. 매장 영업 담당은 흔히 "왜 이 상품이 전단에 실렸지? 또는 이 가격에 상품이 잘 팔릴 것이라고 생각하나, 자기가 와서 직접 팔아 보라!"고 불만과 욕설을 많이 듣게 된다.

이러한 상황에서는 절대 전단 상품의 효과가 100% 발휘될 수 없다. 아니 할 말로 죽으라고 팔아도 쉽지 않은 것이 시장 상황인데, 불만 섞인 태도로 전단 지침에 따른 영혼 없는 전개로는 정상적인 효과를 볼 수 없다. 물론 "점장은 뭐 하냐?"라고 책임을 전가할 수 있지만, 전반적인 인식과 바탕에 깔린 소외감까지 해소하기에는 쉽지 않다.

4. 전단 효과를 극대화 방안

꾸준한 소통과 진정성 있는 전단 운영을 해야 한다. 그리고 매장의 담당들도 할인점 마케팅에 대한 이해도를 높이는 교육이 필요하며, 본부의 마케팅과 상품팀에서도 충분한 준비(점과 소통) 과정을 거쳐 전단 상품을 준비하고 기획해야 한다고 생각한다.

고객님은 우리가 보기 좋게 멋지게 제안한다고 그냥 따라오지 않는다는 겸손한 마음으로 대응해야 한다.

의류 브랜드 활성화

매장에서 점장의 실적은 전체의 합이다. 이삭 줍듯이 하나하나 모아낼 수 있어야 한다. 의류 브랜드도 마찬가지다. 점주 한 분 한 분 소통을 통해서 챙겨나가야 한다.

브랜드 점주 간담회

O 담당의 요청 사항
1. 점 현황 보고 패션 중심 → 지방 삼류 백화점
2. 근무 시간 준수
3. 본사와 협의 신상품, 인기 상품 확보
4. VMD 지침 관리 요망
5. 매장 지원 요청
6. 리뉴얼 계획

O 브랜드 점주 요청 사항

> 1. 택배 보관 장소 지하 1층
> 2. 4층 계산대 오픈 검토
> 3. 주말 주차 허용
> 4. 엘리베이터 4층에 브랜드 표시

제주점 의류 브랜드는 특별했다. 나는 제주점에 처음 부임하고 제주 상권에서 의류 브랜드의 강점을 매우 크다는 사실을 알 수 있었다. 코로나 이전에 제주점의 의류 브랜드 매출 구성비는 상당 수준으로, 연간 매출이 최고점일 때는 수백억 이상 수준이었다. 제주도 상권에는 백화점이 없기 때문에 제주도 고객들은 우리 롯데마트를 롯데백화점 이미지로 느끼고 있다는 의견을 현장 담당자들과 고객들에게서 들었다.

매장의 현황을 보면 전체 브랜드가 00개(리뉴얼 이후 대형브랜드 입점으로 00개로 운영) 입점하여 영업 중이며, 매장의 3개 층으로 구성되어 있다. 반면에 경쟁사의 경우 전체 브랜드가 00개였으며, 우리 점 매출의 1/2 수준으로 의류 브랜드는 절대적인 우위를 유지하고 있는 카테고리였다.

나는 이러한 현상을 파악하고는 너무 반가웠다. 지금과 같이 코로나 팬데믹이 종식되는 시기에는 앞으로 얼마나 개선하는지에 따라 경쟁사를 넘어설 수 있는 원동력이 될 수 있다고 생각했기 때문이다. 의류 브랜드의 실적 개선뿐 아니라, 제주점의 중심 상품군으로서 경쟁사 고객이 우리 매장으로 발길을 돌릴 수 있는 핵심 카테고리로 어떻게 키워나갈 것인가를 브랜드 점주와 함께 제주도 고객의 쇼핑 트렌드를 고민하면서 다음과 같이 실행해 나갔다.

브랜드 점주와의 소통

정기적인 간담회를 진행할 수 있도록 영업 부점장과 협의하고 준비하도록 하였다. 단순히 몇 명과 돌아가면서 차 타임을 갖는 정도가 아니라 협의체 개념으로 접근하였다. 우선 점장은 점의 현황과 의류 브랜드의 역할 그리고 경쟁사와의 비교 자료와 앞으로 의류 브랜드는 어떻게 해야 할 것인가에 대한 비전까지 준비하였다.

실적은 과거 최고 실적을 낼 때와 지금 상황인 팬데믹이 종식되는 시점에서 우리가 준비해야 할 것 등에 대해서 말했다. 나는 모든 조건이 좋고 앞으로 성장할 것만 남아 있는데, 매장의 준비는 너무 부족하다는 것을 강조하였다. 그리고 그동안 힘들었던 팬데믹 기간에 힘겹게 버텨냈던 브랜드 점주들의 마음도 많이 위로해 드렸다.

항상 느끼는 것이지만 이렇게 오픈 마인드로 점주들과 대화하면 지나친 요구는 거의 없다. 위에 정리하였듯이 4층 계산대 열어달라, 주말 주차 허용해 달라 등 근무하는 데 불편한 점들이 대부분이다. 주말 주차 허용의 스토리는 과거 주말 고객 집중으로 내부 직원 주차가 금지된 적이 있었다. 점장이 볼 때 주말에 특이 사항이 없으면 5, 6층 주차장까지 고객 주차가 밀리는 일이 없었으므로 허용했다. 엘리베이터 4층의 브랜드 표시는 매장 전체에도 도움이 되는 좋은 아이디어로 포스트를 만들어 해결했다. 모두 순조롭게 해결되었다.

점 리뉴얼 시 브랜드 리뉴얼 진행

이후 이러한 협의와 소통 덕분으로 매장 리뉴얼 시 전 브랜드 리뉴얼을 진행하는 데 무리 없이 원활하게 잘할 수 있었다. 오히려 점주님께서 적극적으로 브랜드 본사와 소통하고 리뉴얼을 준비하는 모습을 보여주었다. 역시 상호 Win-Win 하는 협력과 소통이 중요하다고 생각한다.

따라서 실적 부진으로 철수하는 브랜드가 몇 개나 되었음에도 불구하고 큰 어려움이 없었으며, 브랜드별로 매장의 이동 과정을 거부하거나 부정적으로 생각하는 점주도 없었다. 브랜드 전체 리뉴얼을 통하여, 직영 00억 투자와 브랜드 00개 중 00여 개 리뉴얼과 매장 환경 개선으로 약 00억을 투자하는 효과를 보게 되었다. 브랜드 매출도 15% 이상 지속적으로 성장하는 결과를 끌어냈다.

브랜드 1억 만들기 활동

브랜드 점주와 지속적으로 다양한 활동을 끌어냈다. 그중 하나인 '브랜드 1억 만들기 활동'이 가장 기억에 남고 즐거웠다. 매장의 00개 브랜드 중에 매출이 상당히 많이 발생하는 매장은 U 브랜드와 A 매장 외 몇 개가 있다.

하지만, 5,000만 원 이상 매장도 0개이며, 3,000만 원 이상 매장도

0개가 있었으므로 목표는 1억이지만, 매출 최고 성장을 기록한 브랜드 점주에게는 와인을 선물로 드렸다. 모두 호응도 좋았으며, 즐겁게 일하는 분위기로 의류 브랜드가 제주점에 새롭게 성장의 동력이 되어가고 있었다.

  이러한 활동의 결과로 부임하는 첫해 가을에는 제주점 오픈 이후 제주 도내 1등 매장으로 등극하는 데, 브랜드 매출이 큰 역할을 할 수 있었다. 또한 다음 해에도 지속적인 성장으로 2, 4분기 2개 분기를 경쟁사 대비 이기고 제주 도내 1등 매장이 되는 밑거름이 되었다.

# 4장
구성원과의 소통

매장의 모든 업무는 아무리 조직과 시스템이 잘 갖추어져 있어도, 점장이 슈퍼맨이 아닌 이상 절대 모두 챙길 수 없다. 모두 사람이 하는 일이므로 각자의 코너에서 잘할 수 있도록 항상 소통하는 일이 매우 중요하다고 다시 한번 강조하고 싶다.

구성원과 소통이 필요한 이유

항상 기억해야 하는 것은 점장에게 매장 실적은 전체의 합이 점장 실적이다.

"A 담당! 매장 관리를 한결같이 잘한다. 내가 지금까지 제주점을 둘러보고 느끼는 것인데, 우리 매장에서 가장 매대 관리가 잘되는 코너 중의 하나이다. 결품도 거의 없고, 상품 전진 진열도 잘되고."
"좋게 봐주어 감사합니다. 점장님께서 자주 와서 봐주시고, 칭찬해 주시니 더 잘 챙기려고 노력하게 됩니다."
"점장의 역할이 이런 거 하는 일인데, 다른 점장도 마찬가지 아닌가?"
"아니에요, 점장님!"
"어떤 점장은 파트장만 대화하고 저희 같은 담당들과는 말하지 않는 점장님도 있습니다."
"그래요! 정말인가?"

> "이전에 한 점장님은 전단 점검을 하는데, 저 앞에서 무슨 말을 하려다, '됐다.'라고 하시면서, 무전기로 파트장을 호출했던 경우가 있었습니다. 그때 집에 가서, 너무 서러워서 울었던 기억이 있습니다."

부임하고 3~4개월 지나고, A 담당과 매장에서 대화하는 중에 있었던 내용이다. 나는 이 말을 듣고 내 귀를 의심할 정도로 깜짝 놀랐다. 지금에도 그런 점장이 있다는 것에 더욱 놀랐다. 점장 역할 중에 조직 관리, 특히 내부 직원 정서 관리가 가장 중요한 일이다. 아직도 권위주의 시대에나 있을법한 관리자가 있다는 것이 당혹스러웠다.

그래서 매장을 관리하는 점장으로서 구성원들과 어떻게 소통하는 것이 필요한지 생각해 보았다. 담당자들과 소통 중에 가끔 이런 이야기를 들을 때는 일부 극소수 점장들의 개인적인 특성이라고 생각했다. 하지만 대부분의 점장이 정도의 차이는 있지만 비슷한 관리 방식을 취하고 있다는 것을 알게 되었다.

원팀을 위하여

비슷한 경험이 이전에 한 매장에 부임했을 때도 있었다. 지원 부점장을 불러, 점장이 새로 부임했으니 시니어 담당들과 저녁 식사 일정을 잡으라고 지시했다. 부점장이 반문하길 "점장님! 장소는 어디로 할까요?" "내가 우리 매장에 출근한지 일주일밖에 안 되었는데, 여기

주변 음식점을 어떻게 알겠습니까? 평소에 여러분들이 했던 곳으로 하세요." "이전에 전체 회식을 한 번도 하지 않았습니다. 그래서 어디에서 해야 할지 몰라서…." 그때도 적잖이 놀랐다.

이전 점장이 2년 이상 근무하면서 한 번도 담당자들과 전체 회식은커녕 식사조차 함께 하지 않았다는 것을 알게 되었다. 이는 바람직하지 않다고 생각했다.

점장은 매장 전체 직원이 최상의 고객서비스를 위하여 한 방향으로 업무가 진행되도록 끊임없이 소통해야 한다. 소통해야 할 구성원은 크게 4개 그룹으로 나누어진다. 1) 시니어, 2) 주부 사원이 중심인 주니어 담당, 3) 파트너사에서 파견된 동료 사원과 입점 업체 점주, 그리고 4) 시설, 주차, 미화 등 용역 사원이 있다. 이들이 원팀으로 각각의 접점에서 자신들의 역할과 책임을 다했을 때, 매장에 방문한 고객이 안전사고 없이 즐겁게 쇼핑할 수 있는 환경이 조성되고 유지된다.

현장의 다양한 정보 파악

점장은 이들을 관리하고 매장이 원활하게 운영되도록 챙기는 역할이 핵심 업무이다. 그래서 더욱 이분들과 소통이 중요하다. 현장에서 일어나는 다양한 일들을 파악하고 돌아가는 정보를 얻기 위해서는 현장 구성원과의 소통이 가장 효과적이다.

가령 한번은 등산복 브랜드 점주와 대화하면서 '겨울에는 한라산에 눈이 언제 오느냐?'가 판매 포인트이며, 아이젠이 가장 중요한 핵심 상품이라는 것을 알게 되었다. 관광객이 한라산 등산을 왔다가, 겨울 한라산 등산의 필수품인 아이젠을 구입하려 매장을 방문할 때, 아이젠 외 장갑 외투 등도 같이 판매되어 매출이 오른다는 것이다. 한라산 등산을 목적으로 제주도를 방문하는 대부분의 관광객들은 아이젠에 대한 준비 없이 제주도 도착하였다가 매장을 찾게 된다고 한다. 자칭 알프스 몽블랑을 등반한 산악인인 나도 생각지 못한 사실이다. 육지는 1,000고지 이상 등산할 산이 많지 않고, 특히 최근에는 겨울 눈도 많이 오지 않아 아이젠을 가지고 있는 등산객이 많지 않다. 그런데 제주에 등산 오시는 분들의 목표는 해발 1,947m 한라산이다. 12월부터 다음 해 3월까지 눈이 있어 아이젠 없이 등산은 위험하다.

그리고 한번은 모바일 배송 기사님과 대화하면서, 제주 시내에서도 눈이 쌓이는 경계라인이 있다는 것을 알게 되었다. 눈이 오면 제주 시내는 거의 녹아서 교통에 큰 불편이 없을 것으로 생각했는데, 우리 마트에서 2km 위부터는 눈이 쌓인다는 사실을 알게 되었다. 즉, 제주대학교가 위치한 제주시 라인이다. 그래서 눈이 온 이후에는 해당 지역의 온라인 주문 조정이 중요하다는 것을 알게 되었다. 이러한 사항 외에도 직원들 간의 갈등 문제, 경조사 문제, 업무 지침에 대한 구성원들의 반응 등을 파악할 수 있다. 만일 현장 소통이 없으면 점장은 벌거벗은 임금님처럼 혼자만 모르는 상황이 되어 매장의 겉치레만 관리하는 꼴이 된다.

구성원들과 주요 업무 소통

정서 관리는 칭찬과 격려

"칭찬하면, 고래도 춤춘다."는 조직 관리에서 명언처럼 되어 있다. 점장은 현장을 다니면서 지적하고 업무 지시도 해야 하지만, 서비스업에 종사하는 구성원들의 기분이 그날 실적에 영향을 미치므로 칭찬이 중요하다.

현장에서 자기 일에 묵묵히 최선을 다하는 구성원들에게는 매장의 최고 관리자가 열심히 일하는 직원의 모습을 보고 칭찬 한마디, 예를 들어 "오늘 많이 파셨어요?"라고 소통하면서 관심을 가지면 열심히 하지 않을 직원이 없을 것이다. 직원의 표정이 밝아지고 미소도 많아진다면, 방문한 고객도 자신도 모르게 즐겁게 쇼핑하게 되고 다음에 또 오게 되는 매장이 된다는 것을 20년 이상 현장에 근무하면서 온몸으로 느끼고 배웠던 산지식이다.

항상 기억해야 하는 것은 점장의 성과는 전체의 합

나는 항상 구성원들에게, 우리 제주점의 실적을 개선하려면 여러분 한 분 한 분의 실적이 개선되어야 한다는 점을 강조한다. 점장의 실적은 직원들 실적의 합이 내 실적'이 되기 때문이다.

또한 비판매 코너 구성원들, 미화나 시설 담당들이 열심히 하면 고객이 안전하고 불편 없이 쇼핑하고 간다. 그러니 업무를 소홀히 하여 엘리베이터 고장을 신속히 처리하지 않은 경우, 매장의 쓰레기통을 자주 비우지 않은 경우, 고객은 소리 없이 떠나게 된다고 소통했다.

주기적으로 시설, 미화 등 보이지 않는 곳에서 고생하는 담당자들에게 더욱 관심을 가지고 격려와 칭찬을 아끼지 않으면, 모두가 신나게 자신의 맡은 분야에서 최선을 다하게 된다. 그 결과, 매장은 자연스럽게 고객 클레임이 줄어들고 큰 사고도 예방할 수 있게 된다. 점장은 매장에서 일어나는 모든 일들에 대해서 책임져야 한다. 하지만 하루에도 수천 명에서 만 명 이상의 고객이 방문하고, 수천 대의 고객 차량과 20~30대의 물류 차량이 출입하며, 많은 상품이 입고되고 판매되는 과정에서 항상 문제 발생의 잠재적 위험 요인이 존재하는 곳이 바로 매장이다.

아무리 조직과 시스템이 잘 갖추어져 있어도 점장이 슈퍼맨이 아닌 이상 절대 모든 것을 챙길 수 없다. 모두 사람이 하는 일이므로 각자의 코너에서 잘할 수 있도록 항상 소통하는 일이 매우 중요하다고 다시 한번 강조하고 싶다.

주니어 담당 간담회에 대한 소회

구성원들의 긍정 에너지가 매장 전체에 확산하면 그 효과는 수억 들인 마케팅보다 높은 성과로 이어질 것이며 오래 유지될 것이다.

○ 주니어 담당 건의 사항 및 조치 결과

1. 의류 잡화, 토이저러스에 검은색 상품 걸이 2단, 1단
→ 12월 예산 확인 후 구입
2. 온라인 주문패드 추가 구매 요청 → 타점 이관 진행
3. 냉동 디저트 상품 찾기 힘들고, 진열 미흡하므로 신상품 정보 공유 요청 → 즉시 조치하겠습니다.
4. 농산 시식대 구입 → 12월 예산 확인 후 구입
5. 가공/상품 지원 전동 자키 구입 → 1월 예산 확인 후 구입
6. 직원 식당 냉장고 반찬 관리 요청 → 매주 토요일 철수 고지 완료
7. 외국인 캐리어 보관 시 카드 결제 문의

> → 보완함. 업체 콜센터에서 처리 협의 완료
> 8. 직원용 카트 교체
> 9. 계산대 의자 교체 → 수리 완료, 부족분 추후 구매
> 10. 베이커리, 동백 포차 맛 개선
> → 12월 블라인드 테스트 진행 예정
> 11. 베이커리 직원 자율 계산대로 이동 → 교육 완료

주니어 및 현장 담당 간담회는 매월 2~3회 이루어진다. 이 교육을 진행할 때는 몰랐는데 지금 생각해 보면 마지막 담당 교육이 간담회로 기록된 것이다. 나는 이런 간담회를 매우 중요하게 생각한다. 제주점에는 500여 명의 구성원들이 각자의 위치에서 업무를 하고 있다. 점장은 이 모든 사람이 자신의 역할을 잘하도록 항상 관심을 가지고 챙겨야 한다. 나의 마지막 담당 간담회에 대한 느낌을 말하고자 한다.

구성원의 근무 환경에 대한 감정

매장 근무 분위기가 좋은지 불편한지 여부는 몇 마디 대화만으로도 쉽게 알 수 있다. 서비스업에선 고객 접점에서 직원들의 말 한마디 표정 하나가 매장 이미지는 물론 매출을 좌우한다. 예를 들어, 롯데마트 Go 앱에서 7만 원 이상 구매 시 제공되는 쿠폰이 있다. 계산할 때 6.5만 원의 구매 금액을 7만 원 이상으로 객단가를 향상시키는 것

은 계산원의 한마디면 가능하다. "고객님! 빨리 매장에 가서 5,000원 이상 상품 하나 더 가져오세요. 5,000원 쿠폰 사용할 수 있도록 기다리겠습니다."

5,000원 상당의 상품을 추가하여 구매 금액 7만 원 이상이 되어 5,000원 할인권을 사용할 수 있다면, 마다할 고객은 없을 것이다. 이것이 바로 Win-Win 전략이다.

반면에 이러한 구매 정보와 쇼핑 지혜도, 접점에 있는 직원이 한마디 안내하지 않는다면 진전이 없어진다. 또한 이런 행동은 스스로 하고자 하는 의지가 없다면 실행되지 않으며 하지 않는다고 해서 지켜보고 지적할 수도 없는 상황이다. 즉, 서비스 마인드 하나로 점 이미지와 성과로 이어지는 사례이다.

구성원들의 소소한 불편 요소와 업무 환경을 파악, 개선

시오노 나나미의 《로마인 이야기》에서 대제국을 건설하고 유지하는 숨은 비법으로 "로마군은 병참으로 이긴다."고 말한다. 전적으로 공감 가는 일이다. 덧붙여 "로마군에서는 병사 개개인의 정신력에 기대를 걸기 전에 먼저 병사 개개인이 정신력을 발휘할 수 있도록 그 환경을 조성해 주는 것이 선결문제로 여겨졌다.", 즉 병참을 잘 건설하여 병사의 안전이 확보되면, 전투력도 몇 배로 증가하는 효과이다.

나는 이 문제를 항상 중심으로 생각하고 실행하고자 노력했다. 사실 구성원들이 요청하는 대부분은 점장이 해결하지 못할 정도로 대단한 비용이 투입되거나 의사결정을 해야 하는 사안이 거의 없다. 일하는 환경을 개선해서 유통 현장답게 신나게 일하도록 여건을 만들면 신나게 장사하는 매장이 자연스럽게 된다.

실제로 구성원들은 작은 것에 감사하고 최선을 다하며 언제나 현장에서 열정을 쏟는다. 그러나 이러한 자세가 작은 것에서부터 달라질 수 있다는 점을 항상 염두에 두어야 한다.

구성원의 주인의식

간담회를 통해서 업무 불편 요소나 현장에서 느끼는 매장 활성화 개선 아이디어가 반영될 때 제안하고 요청한 직원의 만족도는 최상으로 올라간다.

간단히 생각해도 내가 제안하여 동료 담당들이 수월하게 일할 수 있고, 고객도 만족하고 업무 성과가 좋아지고 있다는 것을 확인한다면 누구라도 회사의 주인의식을 갖지 않을 수 없을 것이다. 이러한 긍정의 에너지가 매장 전체에 확산하면, 그 효과는 수억 들인 마케팅보다 높은 성과로 이어질 것이며 오래 유지될 것이다.

구성원들이 참여하는 베이커리 품평회

점장의 매장 운영 철학 설명

현장에서 근무하다 보면 소통이 정말 힘들다는 것을 많이 느낀다. 점장은 A 방향을 가리키고 가고자 하는데, 다음 날 가보면 구성원은 B 방향으로 이해하고 열심히 업무를 챙기는 경우를 많이 경험한다. 처음에는 이해하지 못했으나 현장 경험 속에서 알 수 있었다. 현장 직원들 각자 매장에서 업무를 해왔다. 서로 이전 경험이 다르고 이전 점장과 지금 점장이 다른 사람이므로 기준점이 다르기 때문이다.

구성원들은 나름 자신의 기준과 경험으로 전달되는 업무를 해석하고 수행하거나, 아니면 무시하고 하지 않거나, 또는 다른 방향으로 진행한다.

특히 매장에서는 하루에도 소소한 수백 가지 일들이 동시에 일어나며 잔잔한 수백 가지 업무가 지속적으로 발생한다.

그래서 나는 간담회 때 최대한 편한 분위기 속에서 마음속 깊은 솔직한 대화가 가능하게 만들려고 노력한다. 그동안 간담회에서 소통했던 많은 직원이 기억난다.

특히 제주점의 C 담당이 "점장님! 점장님께서 처음 부임하여 생각하던 목표를 향해서 우리 담당들은 얼마나 잘 따라가고 있다고 생각합니까?" 말을 한 적이 있다. 내가 제주점에 부임하고 10개월쯤 지났을 때 이 질문을 듣고, 너무 기분이 좋았다. '내가 노력하는 일들을 이분들도 함께하고 있구나!' 하는 동료애를 느끼게 되었다.

구성원들 간의 갈등

> 더 안타까운 것은 임원과 점장 등 책임 관리자는 내부적인 갈등과 구성원들의 요구 사항에 대한 관심보다는 매출 부진에 대한 매장 운영점검, 부진 분석만 계속 요구하고 있었다.

지난 2023년 축구 아시안컵의 4강전에서 우승 후보였던 우리나라가 요르단에 2:0으로 지는 수모를 당했다. 나는 경기 중계를 보다 차마 계속 볼 수 없어 후반전에는 채널을 돌리고 말았다. 손흥민, 이강인을 비롯한 유럽파 선수들이 대거 포함된 대표팀의 실력으로 충분히 우승할 수 있을 것이라 믿었다. 그런데 어이없이 패한 것에 대해서 전 국민이 분노했던 것을 기억할 것이다.

그런데 그다음 날 나온 뉴스를 본 전 국민은 더욱 분노하였다. 주장 손흥민과 이강인 등 젊은 선수와의 갈등으로 선수끼리 주먹질까지 발생하였다고 뉴스에서 전했기 때문이다. 결국 우수한 선수로 구성된 우리나라는 요르단에 패하고 클린스만 감독은 경질되었다.

조직 내 갈등이 매장 전체에 미치는 영향

어느 조직이나 마찬가지이겠지만, 특히 영업 현장의 조직 갈등은 매장 전체에 미치는 영향이 다른 어느 조직보다 크다고 볼 수 있다. 즉, 훌륭한 고객 편의시설을 갖춘 규모가 큰 매장에 좋은 상품으로 오픈한 매장도 구성원들 간의 갈등과 협력이 이루어지지 않는다면, 투자 대비 턱없이 부족한 결과를 만들어 낼 수밖에 없다. 서비스업에서 가장 중요한 것이 현장에서 고객을 대면하는 직원들이기 때문이다. 고객은 매장의 분위기를 빠르게 감지하고 그에 반응한다.

신임 점장으로 부임한 매장에서 일이다. 내가 부임하기 전에 많은 사고가 있었다는 것을 알 수 있었다. 한 파트장과 동료 여직원 사이에서 좋지 않은 사고가 있었다고 했다.

매우 권위적인 파트장 성향으로 지시형 업무 스타일이었고, 평소에 소통이 없었던 상황에서, 신입 여직원에게 과다한 관심과 스킨십이 발생하였고, 해당 직원은 회사에 투서를 내어 고민을 해결해 달라고 요청하였던 사고였다. 결국 파트장은 책임지고 사직하고, 해당 직원은 계속 근무하고 있었으나, 파트 내부의 분위기는 많이 다운되어 있었다. 그리고 신입으로, 현장 OJT로 근무 중인 담당들은 관리자에 대한 불만으로 가득 차 있었다. 이유는 업무 전달 관련해서 사전 교육과 설명이 없고 무조건 지시만 한다는 불만이었다.

이러한 결과는 매장에서 여러 가지 문제점으로 그대로 나타났다. 품질 불량이 많아 고객 클레임이 수시로 발생하였고, 심지어는 안전 관리도 미흡하여 수시로 화재 경보음이 울리는 사고 또한 이어졌다.

내부 직원들의 불만과 어려움을 경청

같은 매장에서의 사례로, 지하 2층에는 직원 전용 화장실이 2곳 있다. 부임 당시, 후방 창고에 있는 직원 전용 화장실은 너무 노후화하여 사용하기 불편했으며, 10년 넘게 도색도 하지 않았는지 이전 회사의 로고가 그대로 남아 있었다. 직원 식당 입구에 있는 여자 화장실도 상황이 비슷했고, 특히 4곳 중 1곳은 고장으로 사용 불가, 다른 1곳은 문이 제대로 닫히지 않는 심각한 상태였다. 상황이 이러다 보니 소소한 잡음이 계속 외부로 흘러나오게 되었다. 매장 내부 직원들 간의 보이지 않는 벽으로 대화도 없었다. 매장의 활기도 없었다. 당연히 매장의 실적은 지난 몇 년간 지속적으로 하락하고 있었다. 더 안타까운 것은 임원과 점장 등 관리자는 내부적인 갈등과 구성원들의 요구사항에 대한 관심보다는 매출 부진에 대한 매장점검과 부진 분석만 계속 요구하고 있었다.

이와 같이 좋은 상권을 가지고 있으며, 규모도 매우 큰 대형 매장 중 거의 모든 편의시설과 상품을 갖추고 있는 매장으로 영업 환경이 좋았지만, 실적은 해마다 부진에서 벗어나지 못하였다.

첫 번째 원인은 매장을 운영하고 고객을 응대하는 접점에 있는 구성원 간의 갈등이 문제였다. 매장 관리자는 이러한 매장 내부의 갈등적 요소에 대해서 수시로 소통하고 챙겨야 한다. 현장에서 내부 직원들 간의 갈등 요소를 해결하지 않고 좋은 성과를 내는 것은 축구팀뿐 아니라 어느 조직에서 쉽지 않다. 특히 고객 접점에서 대면 서비스가 중요한 유통 서비스업에서는 거의 불가능하다.

고객 만족으로 돌아오는 구성원 간의 시너지

매장 구성원이 원팀으로 조직력이 잘 안정화되면, 이전과 똑같이 업무를 해도 시너지가 나게 된다. 또한 업무 시간과 효율이 좋아지고 추가적인 업무 개선 활동을 할 수 있는 여력이 발생하므로 실적은 자동으로 개선될 수밖에 없다.

실제로 전 매장에서 달성률 기준으로 항상 하위 30% 이하에 있던 매장 실적 순위가 중위권으로 개선되었다. 사실 나는 특별히 새로운 마케팅이나 매장 상품 변경을 한 것이 없었다. 구성원 간의 소통과 교육에만 2~3개월 집중적으로 노력한 결과이다. 원활한 소통을 위해서 점장부터 먼저 인사하고 밝게 매장을 다녔으며, 코너별로 돌아가면서 주니어, 동료 담당 간의 면담을 진행하였다.

매장의 현 상황을 분석하고, 향후 내가 지향하는 매장 운영 방향에 대해 교육을 준비하였다. 교육에서는 직원들에게 자신감과 희망을 심어줄 수 있도록 긍정적인 내용으로 점포의 비전을 제시하였다. 그렇게 나는 부임한 지 1개월이 되는 달에 전 직원을 대상으로 일주일 동안 8차례의 강의를 진행하였다.

그리고 신입 직원들을 포함한 내부 정규직 담당들에게 업무 지시를 할 때에는 단순한 전달보다는 업무의 취지와 방향, 기대하는 성과까지 내용을 풀어서 자세하게 전달하기 시작하였다. 그러다 보니 메일 내용이 기본적으로 1페이지를 채우게 됐지만, 구성원들의 불만이 줄어들어 갔으며, 실적은 조금씩 개선되어 가고 있었다.

리더는 항상 조직 내 작은 부분까지 주의 깊게 살펴야 한다

아시안게임의 대한민국 선수단에 대해서 언급하였듯이, 아무리 뛰어난 선수와 지원시스템이 잘되어 있어도 조직 내 선수들 간의 갈등이 있다면 그 조직은 절대로 100% 역량을 발휘할 수 없을 뿐 아니라, 오히려 최악의 결과를 낼 수 있다. 그런 점에서 클린스만 감독과 히딩크 감독이 비교되는 지점이 있다. 히딩크 감독이 2002년 월드컵에서 큰 성과를 낼 수 있었던 일화로, 막내 이천수가 운동장에서는 맏형 홍명보에게 "명보야." 불렀다는 것이다. 이러한 선수 간의 분위기를 만들기 위해서, 감독은 세심한 것까지 챙겼다고 했다. 식사 시간에는 각 테이블에 선후배 간 섞여 앉도록 조치한 것이다. 그래서 서로 소통하고, 선후배 선수들 간의 작은 벽을 없앴다. 현장의 리더는 항상 조직 내 작은 부분까지 구성원들 간의 최상의 팀워크를 만들기 위해서 주의 깊게 살펴야 한다고 다시 한번 강조하고 싶다.

두 파트장 이야기

> 나는 우리 회사에서 이런 우수한 담당이 10명만 나온다면 롯데마트 신선식품의 경쟁력은 대한민국에서 따라올 경쟁사가 없을 것으로 생각한다.

2009년 첫 마트 점장으로 부임한 이후로 15년 동안 6개 매장에서 근무하였다. 지나온 과정에 많은 담당들과 함께 근무하면서 잊을 수 없는 수많은 일화와 좋은 추억, 엄청난 성과뿐 아니라, 힘든 기억, 잊고 싶은 사건들이 많이 있다. 하지만 한 매장에서 같이 근무한 U 수산 파트장과 J 축산 파트장은 잊을 수 없을 뿐 아니라, 현장에서 매출을 개선하고 목표를 향해 달려가는 열정과 헌신이 매우 훌륭하다고 생각하는 두 사람이다.

두 파트장은 지금도 롯데마트에서 옛날 모습과 달라지기보다는 더 성숙한 파트장으로, 더 열정적으로 자신의 직무에서 최선을 다하고 있을 뿐 아니라, 롯데마트에서 새로운 기록을 갈아치우는 성과를 내고 있다. 점장으로서 두 파트장을 지켜본 결과, 개인적인 역량도 중요하지만, 업무를 받아들이는 자세와 업무를 챙기는 태도가 더욱 중요하다는 것을 다시 한번 깨닫게 되었다.

U 수산 파트장

내가 점에 부임한 것은 2014년도이다. 이 매장은 경기도에 위치한 롯데마트 내 중형 매장으로, 내륙에 위치하고 있다. 전 사 평균 수산 식품 매출 구성비가 5% 수준인 반면, ○○점은 바다를 접하지 않은 내륙 지역으로, 전통적으로 육류 소비가 많은 지역 특성상 수산 식품 매출 구성비가 3.2%로 매우 낮은 특징을 가지고 있었다. U 파트장이 점에 근무하는 4년 동안 수산 매출을 2배 이상 개선하는 기염을 토했다. 이 기록은 특별히 상권의 변화가 없는 조건에서 처음 보는 성과를 만들어 냈다. 이러한 실적을 만들어 내는 파트장은 내가 근무하는 23년간 U 파트장이 처음이었다.

(1) 지독한 헌신과 솔선수범

U 파트장은 내가 9시에 매장에 가면 이미 오픈 준비가 다 되어 있었다. 나도 점장으로서 1시간 전에 출근하여 점 외곽 등을 둘러보지만, 9시경에 매장에 들어가 보면 어마어마한 물량으로 상품이 쌓여 있어 깜짝 놀랐다. 잘 모르는 사람들은 당연히 그럴 수 있지 않나 생각할 수 있다. 하지만 대형마트 수산 코너는 다르다. 왜냐하면 모든 생선과 해물류(생굴, 바지락살 등)는 당일 준비한 상품은 당일 판매 당일 소진을 원칙으로 한다. 따라서 모든 물량을 당일 오전 오픈 전에 매

일 준비해야 한다는 것이다. 절대 쉽지 않은 업무이다.

(2) 도전 정신

한번은 전 사에서 노르웨이 고등어 판매 촉진 프로모션으로 기간별 매출 개선 순위에 따라 포상을 진행하였다. U 파트장은 당연히 전 사 1등을 하였을 뿐 아니라, 전 사 매출 순위 50위 전후인 중위권 매장 매출 규모이지만, 고등어 판매 기록은 전 사 1등 매장인 잠실점 다음으로 2등을 했다. 지금도 생각나는 한 장면은 주말 고등어 상품 준비로 600손(두 마리 1손, 즉 1,200마리)을 준비한 것이며, 절대 잊을 수 없다.

이러한 성과는 혼자서 열심히 한다고 이루어지는 것이 아니다. 함께 근무하는 현장 담당자들과 원팀이 되어야만 가능하다. 수산 코너의 모든 담당자들은 어마어마한 업무량에도 불만 없이 훌륭히 해내고 있다. 그 이유는 담당자들이 도전 정신을 가지고 혼연일체가 되어 성과를 만들어 내는 재미가 있었기 때문이다.

U 수산 파트장이 운영하는 매장

(3) 그리고, 전략적

얼마 전에는 U 파트장이 한 매장에서 단품 매출로 1억을 돌파했다고 본부장님께서 공개적으로 전 사 메일로 칭찬해 주셨다. 나는 충분히 U 파트장은 해낼 수 있는 일이라고 믿었다. 수산 상품으로 단품 월 1억 매출 달성은 아마도 할인점 사상 처음일 것이다. 물론 확인한 것은 아니지만, 한우 등심 같은 단품이 매출 1억을 돌파하는 것은 가능하지만, 수산 매장에서 '활대게'라는 단품으로 매출 1억을 달성하는 것은 경기도의 중소 상권에서는 거의 기적에 가까운 일이다. 상권 규모가 서울에 비해 상대적으로 작을 뿐 아니라 수산 식품은 고객들 간의 호불호가 나누어지는 상품이기 때문이다. 이것이 가능했던 이유는 U 파트장이 평소에 자신의 상품 판매 추세와 잠재적인 시장 규모를 잘 파악하고 있었기 때문이며, 고객과의 신뢰도 또한 확실하게 형성되어 있었기 때문이다.

C 축산 파트장

C 축산 파트장은 또 다른 자기만의 장점을 활용하여 축산 코너의 성과를 극대화한 사례이다. 내가 ○○점에 갔을 때, 경쟁사와 비교하여 축산 코너를 분석하고 깜짝 놀랐다. 일단, 육안으로 본 매장 상품 신선도, 진열의 화려함, 판매 활기가 확연하게 차이가 났다. 경쟁사의 전체 매출은 당점보다도 10~20% 높게 발생하는 매장이다. 특히 식품 매출의 경쟁력은 더욱더 뛰어난 매장이다.

그런데도 축산 코너는 이미 코로나 팬데믹을 지나면서, 당점이 월

등하게 앞서가고 있었다. 하드웨어 즉, 매장의 진열 길이, 면적뿐 아니라, 매장의 객 수도 열세인 상황에서 축산 코너만 '독야청청' 경쟁사 대비 절대 우위를 차지하고 있었다. 점장이 분석하건대 순전히 C 파트장 개인의 능력과 열정으로 만들어 낸 결과이다. 마치 축구에서 손흥민 선수가 프리미어리그에서 득점왕을 할 수 있었던 것은 대한민국의 축구 수준과 선수층이 열세임에도 불구하고, 득점 경쟁에서 선두에 있는 것의 경우이다.

(1) C 파트장의 특별한 리더십

점장은 각 코너를 순회하면서 둘러보면, 코너별 담당 간의 협력 상황과 업무 스킬, 매장 운영의 역할 분담 등을 확인할 수 있다. 우선 축산 코너 담당이 똘똘 뭉쳐 있다. 이는 파트장의 업무 역량뿐 아니라, 구성원들에 대한 리더십에서 나오는 것이다.

이런 파트장을 만나면 점장이 해당 코너에 매일 방문하여 격려와 인증만 해주면 알아서 성과는 나오게 된다. 물론 위기관리는 관리자로서 필수이다. 그리고 다섯 담당의 역할 분담이 명확하다. 한 담당은 위생 관리, 또 한 담당은 판매 중심으로 점내 방송과 현장 판매 관리, 다른 담당은 재고 및 할인 관리 등으로 파트장이 없어도 매장이 돌아가는 데 아무런 문제가 없게 되어 있었다.

(2) 위기를 기회로 살린 파트장의 전략

2020년부터 코로나로 인하여 할인점이 위기를 맞이하였다. 전체적으로 경제지수의 감소로 인하여 소비시장의 활기는 떨어지고, 매장의 객 수 유입도 감소하는 트렌드로 접어들었다. 하지만 외식이 불가능해지면서, 집밥의 수요가 증가함에 따라, 파트장은 이 기회를 충분히 활용하였다.

C 축산 파트장이 운영하는 매장 광경

집밥 수요가 증가하면서, 육류에 대한 소비가 증가하는 트렌드를 매출을 개선할 기회로 판단하고 적극적으로 대응하였다. 이것은 이미 잘 짜인 축산 코너의 조직력이 받쳐주었기에 가능한 성과이다. 이때 전 점 축산 코너 매출이 성장하는 트렌드로, C 파트장은 성장의 트렌드를 기회로 활용한 강력한 매출 개선 노력을 하였다.

롯데마트 축산 코너에 대한 맛과 품질면에서 고객의 신뢰도가 갈수록 증가하였다. 한 사례로 C 파트장은 코로나 기간 수입육을 매년 20% 가까이 성장시켰다.

또한 코로나 이후에도 고객의 새로운 트렌드를 읽고, 판매 전담 담당과 역할 분담하여 초기 실패를 두려워하지 않고 꾸준히 노력하여,

양고기 매출을 '0' 수준에서 월 1,000만 원 이상 성장시켰으므로 지역 내 어느 매장도 양고기의 품질과 상품을 따라오지 못하게 하였다.

(3) 지역 업체와 소통을 통해서 끊임없는 상품 개발

대부분의 축산 파트장은 매장에서 상품화 작업과 판매에만 집중해도 시간이 부족할 정도이다. 그런데 C 파트장은 섬 지역의 특수성을 활용하여 상품팀과 꾸준한 소통을 통하여 삼다돈 지역 벤더업체와 협의하여 위생 포장 상품을 개발하였다. 이는 섬 지역 다른 경쟁사에서는 엄두도 못 내는 일이었을 뿐 아니라, 당사 내 다른 축산 파트장도 생각하지 못한 일이었다. 이러한 업무는 점장이 지시한다고 가능한 업무가 아니다.

파트장 스스로 부족한 상품을 꾸준히 보강하고 개선하고자 하는 안목과 노력이 함께해야 가능하다. 하루는 대표님께서 방문하셨을 때 이러한 점내 활동과 성과를 보고하자, 대표님께서 매우 흡족해하시면서 C 파트장을 크게 칭찬한 것이 기억난다.

롯데마트 훌륭한 인재의 영향력

두 파트장은 지금도 우리 회사의 최고 매장에서 변함없는 업무 자세와 태도로 자신의 분야에서 새로운 영업 성과를 창출할 뿐 아니라, 후배들에게도 귀감이 되는 활동을 하고 있다.

나는 우리 회사에 이런 자질을 갖춘 우수한 담당이 많이 있다고 생각한다. 점장과 임원과 회사의 지속적인 관심으로 각 코너별로 10명만 나온다면 롯데마트 신선식품의 경쟁력은 대한민국에서 따라올 경쟁사가 없을 것으로 생각한다. 신선식품은 현장 담당과 판매자의 의지와 열정에 따라 그 결과가 크게 달라지는 대표적인 영역이다. 다시 축구에 비교해서 말하면 손흥민, 김민재, 이강인과 같이 세계적인 선수가 나오므로 확연히 달라진 모습을 보이는 것과 비슷하다.

나는 앞으로 더 많은 U 수산 파트장, C 축산 파트장뿐 아니라 농산 파트장, 조리식품 파트장이 나올 수 있도록 영업 부문장과 각 점장의 리더십이 매우 중요하다고 생각한다.

직원 교육에 대한 소회

> 리더는 조급해서도 안 되겠지만, 포기하는 것은 절대 안 된다. 하고자 하는 방향으로 천천히 그러나 포기하지 않고 꾸준히 구성원들과 소통하고, 먼저 솔선수범하면서 리딩해야 한다.

1. Y 매니저님의 제안

◆ 현장에서 직원 교육 관련

"점장님! 직원 교육이 필요한 것 같습니다."
"그러고 보니, 지난 상반기 이후 교육이 없었네요."
"저는 점장님은 많이 다르다는 것을 느꼈는데, 이전 점장님들에게 보지 못한 대표적인 점이 주기적으로 매장의 중요한 이슈나 방향에 대해서 직접 교육자료를 만들어 전 직원을 대상으로 교육하는 모습입니다."
"점장이 교육하면 오히려 직원들이 싫어하지 않나요?""

> "오~~ 아닙니다. 직원들은 점장으로부터 매장의 방향과 목표를 직접 듣고 싶어 합니다."
> "정말 그래요?"
> "교육을 받고 일을 하면 소속감과 함께 내가 하는 일에 대해서 더 명확한 목적을 이해함으로써 주인의식이 더 생긴다고 모두 이야기하고 있습니다."

우리 점의 Y 매니저와 소주 한잔하면서 나누었던 대화이다. Y 매니저는 제주점이 오픈하는 해에 입사하여 그동안 이곳에서만 근무한 분으로 지난 전체적인 영업 과정에 대해서 제주점을 말할 수 있는 산 증인이나 마찬가지이다. 전 구성원들과 깊은 유대감으로 소통하여 더욱 신뢰하고, 점장 또한 용기와 힘이 나는 제안이었다.

나도 마침 11월 하순으로 이어지는 시점에 한 해 우리의 성과와 부족한 점을 정리하고 내년에 대해서 구성원과 뭔가 소통이 필요하다고 생각하고 있었던 상황이라 바로 실행에 옮기기로 했다.

2. 무엇을 교육할 것인가?

나는 먼저 지난 2년간의 성과와 구성원들이 해낸 결과에 대해서 정리하고, 내년에 우리가 가야 하는 방향 제시와 목표를 '부점장과 파트장의 의견을 청취하고, 본부와 내년 사업 계획에서 논의된 내용'으로 정리하였다.

시니어 담당 대상 2회차, 주니어 담당 3일간 6회차 일정을 잡고 진행하였다. 전 구성원 대부분은 제주점에서 10년 이상 근무하면서 경쟁사 매장 대비 영원한 4등 매장으로 다소 위축이 된 경험이 많은 정서를 생각하며 시작한다. 담당님들 먼저, 지난 15년 동안 경쟁사와 매출이 개선된 제주점의 History는 오픈 시점에 2배 차이로 시작하여 점점 따라잡아 전년도 가을 처음으로 도내 1등 매장으로 등극했다.

이 과정에 작년 6~8월까지 리뉴얼 공사도 모두가 땀 흘린 성과로 가능했으며, 의류 브랜드, 토이저러스뿐 아니라, 새로 확대한 Wine & Liquor 매장을 포함한 신선 매장에서도 도내 1등 코너로 성장하여 '당당하게 1등이 될 수 있었습니다.'라고 우리가 함께 만들어 낸 성과에 대해서 공유할 예정이다. 성과에 대한 공유는 원팀(One Team)으로 가는 조직의 기본이다.

또한 중요한 것은 우리가 가야 할 방향이다. 앞으로 보다 더 나은 서비스를 통해 성장하기 위해서 우리가 모두 함께 노력해야 할 업무에 대해서 제시하는 것이다.

제주점의 내년 목표는 경쟁사 대비 완전한 승리이다. 올해는 12개월 중 절반인 6개월은 앞섰지만, 아직도 부족한 것이 현실이다. 그러기 위해서는 보완해야 할 것이 많이 있다.

경쟁사 대비 부족한 먹거리 코너를 보강하기 위해 연말에는 매장 입구에 어묵과 떡볶이 등 포차를 입점할 예정이며, 족발 코너 대신 즉석 만두 코너도 새로 추가할 계획을 공유했다. 또한, 전 직원들이 홍보와 입소문 마케팅을 강조하도록 했다. 또한 지원에서는 자체 멤버스 가입 고객을 현재 000명에서 0000명을 목표로 가입해야 경쟁사에 고객을 뺏기지 않는다고 강조했다.

3. 교육이 왜 필요한가?

매장에서는 어느 한 명만의 노력으로 성과가 만들어지지 않는다. 이것은 분명한 사실이다. 제주점만 해도 직영 직원 백수십 명과 동료 사원, 브랜드 점주, 용역 사원까지 포함하면 수백 명이 제주점을 맡아서 운영하는 것이다. 점장은 이러한 활동이 제대로 이루어지도록 현장에서 관리하고 격려하고 교육하는 것이 중요한 역할이다.

점장은 항상 고민해야 한다.

구성원에게 소속감과 자부심을 느끼고 보다 능동적으로 자신의 업무를 챙기는 동기부여를 어떻게 할 것인가? 또 무엇을 할 것인가?

> 첫 번째로는 매장 성과에 대한 공유이다.
> 두 번째로는 점이 나갈 방향을 제시하는 것이다.
> 마지막으로 구성원들에게 본인들의 존재감을 느끼게 하는 것이다.

이러한 것을 충족할 수 있는 것이 많이 있지만, 그중에서 가장 효과적이고 중요한 것이 교육이다.

어떤 내용을 교육할 것인지에 대해서도 언급했지만, 각 담당 개개인의 노력이 제주점의 발전에 기여했다는 점을 보여준다면, 직장생활이 더욱 보람차고 즐거울 것으로 생각한다. 이는 구성원 간담회에서도 자주 이야기되는 사항이다.

4. 점장 리더십을 어떻게 발현할 것인가?

계속 반복되는 말이다. "점장의 리더십을 어떻게 발현할 것인가?" 라는 질문이다. 물론 내가 완벽하다는 것을 말하고자 하는 것이 아니고 끊임없이 고민해 왔다.

첫 번째는 구성원들과 소통이다. 간담회를 통해서 구성원들의 의견을 경청한다면, 교육을 통해서 점장의 운영 철학과 운영 방침, 목표를 구성원들에게 설득할 수 있다. 두 번째는 솔선수범이다. 퍼스트 펭귄(First Penguin)이 되는 것이다. 권위주의 시대 리더는 카리스마로 리딩할 수 있었다면, 지금은 리더가 먼저 움직여야 한다. 조직의 리더는 특히 더 중요하다. 마지막으로는 인내하는 것이다. 리더는 조급해서도 안 되겠지만 포기하는 것은 절대 안 된다. 하고자 하는 방향으로 천천히 그러나 포기하지 않고 꾸준히 구성원들과 소통하고 먼저 솔선수범하면서 리딩해야 한다.

5장
점장(리더)의 역할

많은 경영학 사례에서도 알 수 있듯이 리더 한 사람의 영향력으로 큰 도약을 할 수도 있지만, 최악의 경우에는 조직을 와해시키고, 기업이 문 닫는 경우도 있다. 한번 오픈한 영업 매장은 쉽게 바꿀 수 없다. 따라서, 지역을 기반으로 고객과 상권과 경쟁사를 지속적으로 관찰하고 분석하면서 대응해 나가야 한다. 이것이 리더의 역할이다.

고객과 직원과
경쟁사를 이야기하다

어떤 것이 가장 적절한 활동인가? 점장은 지역 전문가이자, 유통 전쟁의 최전선에 있는 야전 지휘관이나 다름없다.

"대표님의 퇴직 축하 메시지"

"매장에 갈 때마다 열정적으로 고객과 직원과 경쟁사를 얘기해 주던 김 점장의 뜨거움이 그리워질 것 같습니다. 멋진 점포를 만들어 주어서 진심으로 감사하고, 또 좋은 제주의 기운과 공기가 건강을 잘 지켜주어서 정말 기쁩니다. 그간 수고 많이 했고 세상에서 제일 행복한 사나이로 거듭나시길 바랍니다."

나는 재직 중에 페이스북 운영을 자중했으나, 이제는 자유인으로 나의 일상과 생각을 마음껏 올리고 많은 사람과 공유를 시작했다. 첫 메시지는 롯데마트 제주 점장을 마지막으로 30년 직장생활을 마무리하는 내용으로, 제주점 구성원이 만들어 주신 퇴임식 사진과 짤막한 소회와 많은 분들께 감사의 인사 내용을 포스팅했다. 많은 분이 "성공적인 대장정을 마무리하심을 축하합니다.", "고생하셨습니다. 빛나는 인생 2막을 응원합니다."와 같은 격려와 축하 인사를 해주었다.

대표님 또한 위와 같이 지난 소회, 격려와 축하 메시지를 남겨주었다. 나에게는 모든 것을 보상받는 평가로, 영광이자 명예롭게 퇴직하도록 지원해 주셔서 감사한 마음이다.

나는 여기에서 현장 방문 하는 경영자의 관심 사항과 일선 점장으로서 어떤 것을 기대하고 있는지 다시 한번 명확하게 알 수 있었다.

"고객과 직원과 경쟁사를 얘기해 주신 김 점장"

지난 2년간 제주점에 다섯 번 방문하시는 과정에 내가 현장에서 보고드렸던 다양한 점 현황 보고를 기억하시는 점과 인상적이었던 점으로 떠올리며 키워드로 말씀하신 것으로 생각된다. 아마도 경영자가 현장을 방문했을 때 듣고 싶은 것이 아닐까?

점장 업무의 착각

점장이 매장에서 근무하면서 가장 부담되고 긴장되는 것은 직속 상사 즉, 부문장, 본부장, 대표님의 현장 방문이다. 매장은 365일(정기 휴무 제외 시 341일) 13시간 영업하는 현장으로 제주점의 경우 하루에도 평균 수천명의 고객과 동반 고객을 포함하면 최고 1만 명 이상의 고객이 방문하는 매장이다. 주차장, 화장실 등 외곽시설과 매장 내 청결부터 결품, 표준 관리 지침 등 항상 어딘가 부족하고 미흡한 점이 많은 곳에서 보이기 마련이다.

그래서 대부분 점장은 기본 업무 관리만 해도 하루가 짧게 느껴진다. 점장들은 경영자와 임원의 방문 시 매대 상품 진열이 가득 되어 있어야 하며, 매장의 청결 등 관리 포인트에 집중하게 된다. 지금까지 방문하시는 임원들은 대체로 매장의 관리 지침 점검에 집중하며 현장 코칭을 진행하였다. 이에 따라 점장 업무 중심으로 착각하지 않았나 생각하였다.

과연 최고 경영자의 관심은 이것에만 있을까? 물론 매장의 기본 관리는 점장 업무의 기본 중의 기본이며, 가장 많은 업무 비중을 포함하는 것에 동의한다. 나도 그렇게 업무를 관리해 왔다. 하지만 여기에 머문다면 보통의 성실한 관리자에 지나지 않는다.

나는 점장의 역할에 대해서 많이 고민했다.

어떤 것이 가장 적절한 활동인가? 점장은 지역 전문가이자, 유통 전쟁의 최전선에 있는 야전 지휘관이나 다름없다. 항상 그러한 상황에 직면한 나를 이미지 트레이닝 하며 매장 경쟁력 개선과 성과 창출을 위해 내가 할 수 있는 일을 찾아내었다.

나의 하루를 습관적인 루틴으로 만들다

점장은 아침 출근부터 퇴근까지 모든 것을 챙긴다. 나의 경우에는 아침 8시에 출근하면 먼저 하역장으로 출근하여 업무를 시작했다. 아침 근무자들과 인사하고 간단히 물류 특이 사항에 대해서 소통한다.

어제 본부에서 상품 지원 관련 폐기 등록 관련 지침이나 메일이 있으면 파트장과 관련 메일을 보았는지 물어보고, 우리 점은 특이 사항이 없는지, 소통하면서 하역장의 정리 상태를 대충 살핀다. 그리고 늘 하는 잔소리는 안전관리 주의와 하역장 정리 정돈이다. 제주점은 하역장이 주차장 입구에 있으므로 모든 입차 고객은 하역장을 보고 매장으로 들어오는 점을 강조한다.

이렇게 하역장을 통과하면, 신선 후방 공간 즉, 판매대기 상품 적재 공간과 상품화 작업 공간인 농산, 수산, 축산의 작업실, 냉장·냉동창고가 나온다. 물론 어제 야간 영업 마감 후 정리 정돈 상태와 농산의 과일과 채소 상품군 중 과다 재고는 없는지 대충 둘러본다.

수산 작업장에 들러 새벽부터 출근하여 오픈 준비 중인 파트장과 담당들과 인사하고, 수산 코너의 특이 사항에 대해 간단히 소통한다. 그 후 축산과 조리 작업장을 차례로 방문해 간단히 소통한 뒤, 매장 앞으로 나가면 농산 코너에서 땀을 흘리며 진열 작업을 하는 농산 담당들을 만나게 된다. 항상 체력적으로 고생이 많은 농산 담당과 잠시 휴식 겸 담소와 음료 한잔을 하면 오픈 전에 출근한 모든 담당과 한 번은 만나게 된다. 그리고 가공, 생활 매장을 지나면서 매대의 상황을 살피고 사무실로 들어간다.

이는 나의 평소 일상적인 업무 관리로 출근하는 날이면 똑같다. 앞에서도 언급하였듯이, 점장의 업무 중 가장 많은 시간을 투입하는 것이 기본 매장 운영이고 유지 관리다.

이것은 일선 점장의 필수 업무이다. 마치 시간이 없어도 하루 세 끼를 먹어야 살아가므로 식사 시간을 없앨 수 없는 것이나 마찬가지이다. 이렇게 하면 하루 챙겨야 할 기본 업무의 50%는 오픈 전에 이미 끝나게 된다.

만일 영업이 시작되어 챙기려고 하면, 매장에서 발생하는 많은 돌발 변수로 인하여 나의 기본 업무를 챙기는 데 집중하기 쉽지 않을 뿐 아니라, 효율도 많이 떨어질 것이다. 또한 점장으로서 제주점의 개선 관리, 성과 창출에 대해서 조금이라고 더 여유 있게 생각하고 챙길 수 있는 시간을 벌 수 있다.

점장이 집중해야 할 업무

중학교 교직에 근무하다 유통에 입사한 한 대리의 말이 생각난다. "교단에서 3년 동안 학생을 가르치다 그만두었습니다. 하루는 옆에 있는 30년 이상 교단에 계신 선배 선생님과 나와 차이를 느낄 수 없었습니다. 지금도 이렇게 하루하루 수업을 진행하는데, 20, 30년 후에도 똑같은 과목에 똑같은 수업을 한다고 생각하니 더 이상 못 하겠다는 생각이 들었습니다." 나는 이 말은 우리 점장들에게도 동일하다고 생각한다. 1~2년 차 신임 점장이나, 10년 이상 일한 점장이나 매일 출근하여서 하는 일이 동일하다면 분명 점장의 역할과 책임에 문제가 있다고 본다.

　매장의 많은 관리 포인트를 체크하면서, 하루 종일 업무를 챙기기에 바쁘다. 그러다 보니, 임원의 현장 방문 시 주요 관리 포인트에 대해서 현상을 유지하거나, 개선하는 점에 대해서 보고하기에 정신없어진다.

　이러한 상황을 조금만 뒤집어 생각해 보면, 경영진의 관심사는 조금 다르다. 일선 현장에서 본부의 지침이나 주요 실행 과제를 제대로 이해하고 실행하고 있는지 궁금해하며 실행 과정에 문제는 없는지, 실행의 효과는 제대로 나타나고 있는지 알고 싶어 한다.

　물론 대표이사, 본부장님께서 매장을 방문하면, 이러한 매장의 기본 관리 상태를 확인하는 것이 우선이며 이는 관리의 기본적인 활동이다. 하지만 더 관심을 가지는 내용은 다르다. 일선 현장의 다양한 정보 즉, 고객, 직원의 정서, 경쟁사의 동향, 지역 영업 특이점 등에 대해서 많은 것을 알고 싶어 한다. 그래서 본부와 현장 활동 시너지가 우리의 성과로 이어지고 있는지 궁금해하는 것이다.

　그래야만 정책을 결정하고 어떠한 방향으로 가고 있는지 판단할 수 있기 때문이다. 내가 임원의 매장 방문 시 항상 먼저 보고하는 것은 고객의 반응이다.

　제주도 고객의 특징은 육지의 고객과 생활 패턴이 좀 다르다. 우선 주말보다는 월, 화요일에 고객 쇼핑이 많다. 이유는 간단하다. 제주도에는 2차 산업이 거의 없고, 1, 3차 산업 중심으로 이루어져 있기 때문에 주말에는 관광객이 많으므로 생업에 종사하고, 월, 화요일에 집안의 필요한 상품이나 본인의 자영업에 필요한 상품을 많이 구입하신다. 이러한 현상을 설명하면 임원들도 각 점마다 관리 포인트, 영업 포인트의 차별점을 인식하고 점을 이해하는 데 많은 도움이 된다.

그리고 내부 직원들의 정서에 대해서 중요하게 설명한다. 예를 들어 지난해에는 칭찬 카드 제도를 통해서 내부 직원들의 격려 시스템을 운영하였는데, 현장의 호응이 매우 좋았다.

특히, 대표님께서 칭찬 직원에게 직접 메일로 구체적인 칭찬 내용을 언급하면서 격려하고 칭찬 카드가 점에 도착하면 포상 시간에 전 직원들 앞에서 전달한다. 이러한 활동은 현장의 직원들에게 엄청난 에너지 원천으로 매장 분위기를 활기차게 만들고 동기부여가 된다.

나는 임원이 현장에 왔을 때, 이러한 직원들의 반응과 감정을 가급적 상세하게 전달하여 임원들의 작은 활동이 영업에 어떠한 역할을 하는지 말씀드린다.

마찬가지로 경쟁사의 상황도 동일하다. 물론 본부에서도 경쟁사의 마케팅 동향과 신상품 반응 등을 체크하고 보고한다. 하지만 현장은 그러한 전체적인 흐름과 다른 디테일이 있다. 예를 들면, 경쟁사 주요 행사 진행 효과를 좀 더 실감 나게 말씀드린다. 고객의 쏠림 현상이나, 평소 매출 대비 약 1.5배 확대되는 문제, 특히 고객이 열광하는 상품, 마케팅에 대해서 보고드린다.

점장은 전쟁으로 보면 전선에서 전투하는 매장 구성원의 현장 지휘관이다.

본부에서 기본적인 전투 지침과 방침 전략 전술이 내려오면 단순히 실행하기보다는 매장이 처한 지역, 경쟁사의 상황에 맞추어 다시 한번 철저하게 판단하고 전투에 임해야 승리 또는 우리의 피해를 최소화할 수 있다. 결국 유통 전쟁에서 승리하려면, 일선에서 작은 전투의 승리가 모여 한다. 따라서 전체 시장을 리딩하는 데 점장의 역할이 매우 중요하다고 생각한다.

점장의 영향력으로
진행한 업무는?

> 매장은 벼를 심은 논을 관리하는 농부의 마음과 같아서 주인의 발소리를 듣고 벼가 자란다는 말이 있듯이 관리자의 관심을 먹고 자라는 생물 같다는 생각이 든다.

몇 년 전인가? 6월경에 본부장님 주관으로 지역별로 점장 회의를 진행한 일이 있었다. 이때 본부장님께서 부진한 매장의 점장 업무보고를 접하면서 던진 질문이다.

"점장의 영향력으로 진행한 업무는 어떤 것이 있습니까?"

나는 한참 회의를 지켜보면서 매우 답답했다. 점장이 보고하는 많은 업무는 대부분 본부의 지침이나 가이드라인으로 전달되는 아주 기본적인 업무를 나열한 것이나 다름이 없었다. 본부장님께서도 같이 느꼈는지 한참 동안 듣고 있다가 점장 보고가 끝나자, 얼마나 답답하였는지 위의 질문을 던졌다. 해당 점장이 나열한 업무는 쉽게 말하면 그냥 있는 그대로 정리한 것이지, 점장 의지와 아이디어를 반영하여 구성원과 함께 매장의 부진한 부분을 개선하고자 노력한 것이 보이지 않았다. 여기서 나는 오랜 점장 생활을 하면서 체험한 것이 있다.

"아무것도 하지 않으면, 아무것도 변하지 않는다. 보다 더 심각한 것은 매장이 지속적으로 내리막길을 걷게 된다는 것이다."

나도 사람인지라 어떤 때에는 매너리즘에 빠져 매장을 아무리 둘러봐도 새롭게 개선하고 도전할 과제를 찾지 못한 경우도 있었으며, 어떤 때에는 하기 싫어서 매일 출근하여 가장 기본적인 활동 외 매장만 순회하고 퇴근한 경우도 있었다.

이런 경우 필연적으로 매장은 생기를 잃고 직원들은 관리자의 눈치만 살피며 적당한 업무처리로 이어진다. 그리고 매장은 활기를 잃고 죽어 있는 매장처럼 고요한 분위기로 이어지게 된다. 이것은 아무리 좋은 매장이든, 우수하고 유능한 직원이 많은 매장이든 상관없이 발생하는 현상이다. 특히, 구성원은 귀신같이 점장의 속마음을 알아보게 된다. 그렇다면 매장에서 어떻게 해야 좋은 점장이 되고, 매장은 생기가 넘치는 매장이 될 수 있을까? 생각해 보자.

무엇이든 한 가지라도 꾸준히 하라

과거 한 매장에서 근무할 때 있었던 일이다. 농산 담당들과 소주 한잔하는 자리에서 막내 시니어 담당이 하소연했다. "선배님들, 어떻게 하면 주니어 담당들이 저를 따라올까요?"라고 질문을 던지자, 파트장이 했던 말이 생각난다.

"이 담당! 출근해서 창고든, 매장이든 매일 청소를 1시간씩 아무 말 하지 않고 딱 한 달만 하면 주니어 담당이 너를 보는 눈이 달라진다."

나는 이 말을 듣고 내심 놀랐다. 또 한편으로 당혹스러웠다. 현장에서 오래 근무한 파트장의 보는 눈이 너무 정확했기 때문이다. 그리고 똑같은 눈으로 점장과 부점장을 바라보고 있기 때문이다.

후배들이 "점장으로 가면 무엇부터 해야 합니까?"라고 물어보면, 나는 이렇게 조언했다. "박 점장, 가자마자 매장을 바꾸고 뒤집어엎으려 하지 말고, 먼저 구성원들의 이름을 불러주면서 인사에 집중해보세요. 한 달만 열심히 인사하면, 구성원들이 자연스럽게 박 점장에게 다가와 수많은 아이디어를 제시할 것입니다." 즉, 조급하게 큰 변화를 시도하기보다는 작은 것이라도 꾸준히 실천하면 매장의 분위기는 점장이 원하는 방향으로 변화하게 될 것이라고 강조한다. 점장이 매장에서 할 수 있는 것은 무궁무진하다. 작은 인사에서부터 시작하여, 유휴공간을 찾아서 편의시설을 입점하거나, 구성원들의 불편한 업무 시스템을 찾아서 개선하거나, 심지어 인원이 부족한 코너에 가서 하루에 1시간씩이라도 진열을 지원하면 근방 점내 소문이 자자하게 난다. 그러면 매장은 조금씩 변화와 생기를 찾아가게 된다.

여기에서 나는 올바른 점장의 역할에 대해서 한마디로 규정짓거나, 어떤 일은 옳고 어떤 일은 그른 일이라고 할 수 있는 것이 없다고 생각한다. 점장은 마치 거대한 파도를 타는 서퍼의 상황과도 비슷하다. 서핑보드와 자신의 몸이 일체가 되어서 파도의 움직임에 따라서 신속하게 몸을 움직여 서핑이 이어 가야 하는 것처럼…

현장에 답이 있다. 경청하라!!!

제주점에 발령받았을 때, 구성원들의 말을 경청했을 때 나온 말이다.

점장님~~
1) 우리는 비 오는 날에 경쟁사보다 우리가 고객이 많아요!
  왜? → 경쟁사는 대부분 노천 주차장이지만 우리는 전부 실내 주차장이라 고객들이 많이 찾아와요.
2) 외국인이 많이 입국할수록 경쟁사보다 우리가 유리해요!
  왜? → 우선 외국에서는 경쟁사보다 우리 마트가 중국, 일본, 동남아에서는 더 인지도가 좋아요, 그리고 단체 관광객이 오면 우리 마트 앞에는 관광버스 주차가 가능하지만 경쟁사는 불가능해요!
3) 제주점은 온라인 효율이 육지보다 좋아요!
  왜? → 온라인 구입 시 '도서 지역 배송비'가 추가 부담되어, 제주 지역은 온라인몰의 사각지대에요!
4) 제주도민은 롯데마트를 롯데백화점으로 인식하고 있어요!
  왜? → 제주도에는 백화점이 없으며, 우리 마트 3~5층에 브랜드가 많이 입점해 있어서 그렇습니다.
5) 어린이날, 크리스마스 때에는 장난감 사러 서귀포시에서 와요!
  왜? → 우리 토이저러스가 제주도에서 가장 큰 장난감 매장입니다.
6) 우리 과일과 축산의 육류는 모두가 맛있다고 인증해요!
  진짜? → 예! 제주 시민들한테 그렇게 소문나 있어요. 실제로 경쟁사 가보면 우리보다 못해요!

와~~ 이거는 노다지나 다름이 없다.

제주도에서는 백화점으로 인식되는 롯데마트

이 외에도 많은 현지의 상황은 담당들이 조금씩 마음을 열면서 생각날 때마다 나에게 좋은 정보를 준다. 왜냐하면 이들은 제주점에서만 15년 근무하면서 체득한 것이기 때문이다.

나는 지난 2년 동안 위에서 말한 것을 하나하나 챙겼으며, 구성원들은 점장이 챙기는 상기 업무에 대해서 신뢰하고 전폭적인 협조와 지원을 해주었다. 왜냐하면 자신들이 같이 느끼고 공감하는 내용이기 때문이다.

현재 우리 회사의 대부분 매장은 10년 이상 된 매장이다. 영업 환경이 잘되든 못되든 그 지역에서 나름 뿌리를 내리고 영업하고 있으며, 현장의 주니어, 동료 담당들은 자신의 매장에 대해서 표현하고 있지 않지만, 강점과 약점을 감각적으로 알고 있다. 점장은 이러한 것을 잘 찾아내서 챙기면 된다.

점장이 챙겨야 할 중점업무

제주점은 도내 5개 할인점 중에서 가장 큰 영업 면적으로 운영되고 있다. 반면에 매출 규모는 경쟁사 대비 미흡한 상황이었다. 물론 매장의 경쟁력은 규모만으로 비교할 수 없고, 입점 위치나 인지도, 상품 구성 등 다양한 조건이 복합적인 시너지로 나타나는 것이지만, 규모가 크다는 것은 영업하는 데 절대적으로 유리한 조건임에는 틀림없다.

나는 경쟁사를 조사하며 우리에게는 없는, 그들이 가지고 있는 모든 것을 보강하려고 도전했다. 한 사례로 즉석 먹거리 행사장이다. 경쟁사의 경우 축산과 조리식품 코너 앞에 넓은 먹거리 행사장이 있어, 주간 단위, 또는 2주 단위로 다양한 먹거리 행사를 유치하여 관광객이 많은 제주 특성에 맞게 운영하고 있었다.

신선식품의 경쟁력은 우리가 우위에 있으나, 즉석 먹거리가 포함된 조리식품의 매출 규모는 거의 2배 차이가 날 정도로 열악한 현실이었다. 나는 영업 부점장과 어떻게 해서라도 먹거리 상품 열세를 극복하고자 다양한 노력을 하였다.

처음에는 쉽지 않았다. 1층 매장 공간의 협소로 행사장을 유치할 여지가 없었기 때문이다. 안되면 차선이라도 추진하자는 의지로서 우선 베이커리 코너 앞 2평 남짓 공간의 가공행사장에 뻥튀기 과자 코너를 입점시켰는데, 이것이 대박이었다. 여행객의 주전부리로 인기가 많아 단품 하나로 기대 이상의 성과를 내어주었다.

이러한 여세를 몰아 매장 입구의 카트 보관소를 줄여 약 1.5평의 공간에 포차를 입점하였고, 부진한 족발 코너 대신 만두 등 먹거리 행사장으로 변경하여 조리식품의 열세를 극복할 수 있었다.

그리고 세탁소 등 경쟁사 대비 부족한 고객 편의시설을 입점했다. 그중에서 가장 효과적인 것은 전기차 충전소였다. 기존 경쟁사의 충전시설 16곳에 대비하여 우리 매장에 1대만 있었던 것을 10대 규모로 확대하고, 경쟁사 대비 접근성이 월등히 좋은 곳에 설치하여 경쟁력을 지속적으로 보강하였다.

매장의 숨어 있는 잠재력

가끔 점장들과 대화하다 보면, 우리 매장에서는 고객이 너무 감소하여서 할 게 없다는 말을 많이 듣는다. 물론 매장의 객 수가 떨어지고, 트렌드가 좋지 않은 매장에서는 큰 어려움이 있다. 하지만, 어떤 매장도 죽으라는 법은 없다. 살아나갈 방안은 있기 마련이다. 내가 롯데마트에서 처음으로 부임한 매장은 천안점이었다.

당시 천안점은 상권, 매장 편의시설, 조직문화 등 지금까지 점장으로 근무한 6개 매장뿐 아니라, 부점장 담당으로 근무한 5개 매장을 포함해도 가장 힘든 매장으로 기억된다. 하지만 나는 포기하지 않고 천안점에서 잠재력을 찾으려고 노력했다.

첫 번째는 푸드 코너 입점이었다. 구성원들이 이구동성으로 요청했을 뿐만 아니라, 마침 롯데리아가 입점해 있었고, 천안점과 같이 소형 매장에 입점하여 있음에도 불구하고 상당한 매출을 기록하고 있었다. 나는 이 가능성을 확인하고 긍정적으로 평가했다. 그래서 1층 롯데리아 옆 의류 브랜드를 지하 1층 본 매장으로 내리고, 한식, 일식 2개 매장을 입점시켰다. 그런데 대박이었다. 한식으로 입점한 칼국수의 매출이 기대 이상 나오는 것이었다. 이는 고객과 매장에 둘 다 Win-Win이었다.

두 번째, 천안점은 포켓 상권으로 약 1.1km 거리에 우리 매장의 2배나 되는 경쟁사 대형 할인점이 있었다. 그래서 주중에는 어느 정도 실적 관리를 할 수 있었으나 주말만 되면 부진을 면치 못했다. 그래서 구성원들과 협의하여, 한 달에 두 번의 짝수 일요일만 점의 영업력을 집중하여 주말 매출을 어느 정도 보완하자고 '천안점 일요 장터'를 기획하여, 이날은 전 직원이 장사꾼으로 모든 것을 보여주자는 마음으로 행사에 집중하였다. 물론 훌륭한 성과와 우수사례로 대표님의 포상을 받기도 하였다.

점장 생활 동안 항상 느끼는 것이지만, 매장은 벼를 심은 논을 관리하는 농부의 마음과 같아서 주인의 발소리를 듣고 벼가 자란다는 말이 있듯이 관리자의 관심을 먹고 자라는 생물 같다는 생각이 든다. 좋은 비료와 우수한 기술이 따라가지 않아도 주인이 매일 논을 찾아서 관심만 보여도 잘 자라게 되는 것과 같다고 생각된다. 즉 점장이 무엇이든지 하게 되면 0.1%든 1%든 10%든 도움이 되었으면 되지, 나빠지지 않는다는 것을 경험했다.

점장 업무 중에 가장 힘든 것

> 점장의 일거수일투족을 모든 직원이 보고 있는 것을 항상 명심해야 한다. 나는 이것을 역으로 활용했다.

By e-mail

제목: 점내 근무 수칙 및 윤리 위반 사례 현장 코칭 및 교육 요망

파트장님,
최근 영업 현장에서 구성원들과 수고 많으시죠.
물론 우리 점의 담당들이 다른 어느 점에 비해서 잘하는 것은 점장이 객관적으로 인정하고 칭찬을 아끼지 않습니다만, 최근 일부 직원들의 근무 태도, 규정 미준수, 윤리 위반 사례가 지적되고 있습니다.
이번 달에 전체 직원들 대상으로 서비스 및 매장 내 근무 태도에 대해 교육할 예정입니다. 우선 현장에서 매일 접하고 있는 파트장님들께서

구성원들과 소통해 주시기를 바랍니다.
1. 명찰 착용
2. 쇼핑 시간 및 쇼핑 물품 보관 위치 준수
3. 출퇴근 동선 준수
4. 매장 내 직원 간 호칭 준수
5. 소모품 개인 용도 사용
6. 근무지 무단이탈
7. 매장 및 후방 취식 행위
8. 복장 불량(슬리퍼, 밝은색 바지 등)
9. 매장 내 이동 시 자세
10. 지적보다는 교육과 코칭으로, 일회성보다는 지속적인 관심과 소통이 중요합니다.

현장에서 훌륭한 리더십을 기대하겠습니다.
감사합니다.

부점장과 파트장에게 보낸 메일

내가 생각하는 점장의 업무 중에 가장 힘든 것이 '점내 근무 수칙 및 사내 윤리'에 대한 관리와 사고 예방이다. 챙기고자 한다면 끝이 없을 뿐 아니라, 항상 붙잡고 있어도 만족할 수 없는 일이다. 나는 지난 23년간 대형마트에서 관리자로 근무하면서 수많은 사건과 사고를 보고 경험해 왔다. 사고 발생 시 많은 직원이 다치고, 상처받을 뿐 아니라, 조직의 분위기도 착~ 가라앉는다. 또한 점장으로서 모든 것을 잘하고, 열심히 해도, 한 번에 모든 것을 잃을 수 있는 것이 조직 내 윤리 관리이다.

한 사례로 모 매장에서는 이와 관련하여 아픈 사건이 있었다. 몇 년 전에 있었던 일이다. 대표적인 사고의 내용을 보면 1) 직원 간의 금전 문제, 2) 근무 중 사행성 도박, 3) 점내 상품을 개인적으로 당근에 판매한 내용이다. 모르는 사람이 들으면, 매장 내에서 그런 일이 있을 수 있나 반문하겠지만 실제로 발생하였던 일이다.

내가 다른 지방에 근무할 때 있었던 사건이다. ○○ 코너 담당의 이상한 행동이 마음에 항상 걸렸다. 무엇인가 미심쩍은 것 같은데 물증이 없었다. 나는 그를 1년 동안 관찰하게 되었고, 결국은 밝혀져 사내 윤리 사고로 조사를 의뢰한 사건이다. 당시 한 일요일에 대표님께서 주관하는 교육 참석차 몇 명의 직원들과 다녀왔다. 다음 날 흡연장에서 안전 담당과 대화 중에 ○○ 코너 담당이 일요일 타점 상품 이관으로 오후 3시, 점으로 본인 차를 타고 갔다는 것이다.

나는 이상하게 생각했다. 우선 사전 진행 보고가 없었고, 일요일 오후 3시면 매장에 가장 고객 수가 많을 때다. 꽤! 먼 거리의 매장으로 갔다면, 톨게이트 비용과 유류비에 대한 결제가 접수되지 않았다.

그래서 CCTV로 확인한 결과 출고 수량과 입고 수량이 달랐고, 결국 담당은 사직하게 되었다. 점장인 나도 안타까운 마음이었는데, 더욱 당혹스러운 것은 담당들 사이에 점장이 담당을 믿지 못하고 본사에 보고하여 희생되었다는 소문이 돈 것이다. 그래서 나는 사고 내용을 상세하게 담당들에게 교육함으로써 진실을 밝혔다.

이러한 사고 외에 크고 작은 사고가 많이 있다. 유통회사로서 매장에서는 언제든지 누구나 사용할 수 있는 상품들이 쌓여 있고, 매장 뒤 하역장으로는 수많은 물류 차량이 드나들고, 매장 앞으로는 고객과 구매 상품들이 출입하는 환경이다. 그러므로 조금만 윤리의식의 경각심이 떨어지면 사고가 쉽게 일어나는 것이 대형 유통업의 현실이다.

사내 윤리를 준수하기 위한 점장의 올바른 자세

일선 매장 본연의 업무는 회사의 영업 최일선에서 고객이 상품을 구입할 수 있도록 관리하고 영업하는 것이다. 우리 속담에 "빈대 잡으려고 초가삼간 태운다."는 말이 있다. 큰 손해를 볼 것을 생각하지 않고 사소하거나 중요하지 않은 일에 매달릴 때 비유하는 말이다. 반면에 '개미구멍이 둑을 무너뜨린다' 말도 있다.

이처럼 현장관리자로서 어려운 일이 많다. 나는 여러 사례를 통해 이러한 문제들을 관리해 왔으며, 비교적 잘 처리해 왔다.

1. 나부터 솔선수범

두말할 나위 없는 말이지만, 막상 현장에서는 그 경계가 불명확할 때가 있다. 예를 들면, 점장이 조리식품 코너에서 시식으로 먹는 것은 괜찮을까? 물론 가능하다. 하지만, 원칙 없이 시식하면 안 된다. 이런 점에서 잘 판단하고 해야 한다. 어떤 관리자는 만에 하나 있을 수 있는 의혹 때문에 아예 시식조차 하지 않고, 가까이 가지도 않는 사람도 있다. 이것 또한 관리자의 직무 유기나 다름없다. 나는 시식할 때는 반드시 이유를 설명한다. 내가 왜 하는지, 그리고 시식 결과에 대한 나의 의견을 밝히고 현장에서 업무에 도움이 되도록 코칭한다.

2. 평상시 관심과 교육

점장의 일거수일투족을 모든 직원이 보고 있는 것을 항상 명심해야 한다. 나는 이것을 역으로 활용했다. 평소에 이러한 윤리 문제에 관해서는 관심이 있다고 간접적으로 표현하고, 행동으로 보여준다. 가령, 하역장에서 상품이 방치된 작은 박스를 보면, 매장 내 무전으로 확인한다. 점장이 이런 것을 그냥 지나치지 않고 관심이 있다는 것만 보여도 담당들은 경각심을 가지게 된다.

3. 잔잔하면서도 꾸준한 교육

'사내 윤리는 꼭 지켜야 한다.'라고 말하는 것보다도 자세한 내용으로 윤리 문제에 대해서 반복적이고 주기적으로 교육하고 챙겨야 한다. 왜냐하면, 매장의 구성원은 거의 매일 새로운 담당들이 발령 나고 이동하기 때문이며, 모든 직원의 근무 시간과 휴무일이 다르기 때문이다. 그래서 매장에서 모든 직원에게 하나의 메시지를 전달하려면 최소 열 번 이상은 같은 말을 해야 거의 모든 사람이 알고 현장에서 행동으로 나타난다.

4. 잊지 말아야 하는 것은 현장에서 우리의 본업

그렇다고 강하게 교육하거나 점장이 이것만 챙긴다는 것으로 구성원들이 알게 되면, 모든 직원은 정작 매장의 존재 이유가 되는 상품을 판매하는 일에 관심이 없어진다. 그래서 나는 점장 업무 중에 내부 직원 윤리 관리가 가장 힘든 일이라고 생각한다. 하지만 잊지 말아야 하는 것은 매장에서 고객을 맞이하고 상품을 판매하는 영업이 우리의 본업이라는 것이다.

상사와 소통의 중요성

점장의 소통은 아래로의 소통도 중요하지만, 위로의 소통이 더욱 중요하다.

By e-mail

상무님!! 안녕하십니까?
명절 전에 매장에서 뵙게 되길 기대했는데… 아쉽습니다.
오시면 제주점의 현황 및 부임 후 중점적으로 진행한 활동 내용에 대해 현장에서 직접 보고드리겠습니다.
부임 후 중점적으로 챙겼던 업무는 본부장님 핵심 업무와 내부 직원들과 소통, 지역장님께서 각 점 방문 시 챙기고 계시는 중점 포인트를 관리했습니다.

1. 본부장님 방문 시 체크 사항

환경 개선 잔여 작업(외벽 환경 개선 및 도색 작업) 마무리와 현장 지적 사항에 대해서는 완료하였습니다. 제주점 용역비 과다 원인 보고, 농산 매장 동선 정리와 4개 구역 매대 재구성, 음료/주류 2층 이동 보틀벙커 입점, 수산, 축산 냉장 진열대 교체 등은 상품 혁신팀과 협의 진행하였습니다.

2. 내부 직원들과 소통

1) 각 부점장, 매니저와 개인 면담 및 티타임을 통해서 점의 특이 사항 및 조직 분위기를 경청했습니다. 두 부점장 모두 업무 마인드가 좋았습니다, 안전 환경 매니저는 경험이 많았으며, 제주점 오픈부터 근무하여 점 사정을 잘 알고 있어 도움이 많이 되었습니다.

2) 파트장들과의 개인 면담 및 소그룹 식사를 통해 제주점의 현황을 파악하고 Ice Breaking 시간을 가졌습니다. 특이 사항은 없었으며, 그들의 역량과 경험이 향후 점을 이끌어가는 데 많은 도움이 될 것으로 생각됩니다.

3) 주니어 담당 간담회 진행: 소그룹 단위로 신선, 가공, 지원, 모바일 4개 그룹과 면담을 진행했습니다. 그동안 소통이 부족했던 부분이 있었고, 요청 사항이 다소 많았으나 우려할 만한 상황은 아니었습니다. 인원 충원 요청이 많았고, 일부 소소한 현장 불편 요소가 있었습니다.

3. 부임 후 현장관리

지역장님 각 점 방문 보고 중심으로 점내 관리 포인트 집중적으로 개선함. 주 1회 파트장 미팅을 통해서 중요 현황 공유와 현장 활동을 통해 개선 진행하였습니다.

1) 진열 지침에 준하여 현장관리 포인트: 과다한 상품 홍보물, 비인가 무분별 부착물, 배너 등을 제거하여 매장 내외부의 정리 정돈에 집중하였습니다.

2) 결품 관리: 지적하였듯이 진열도면 실행률 체크, 신상품 와블러 고

> 지, 결품 등록 등
> 3) 주요 상품 카테고리 관리: 당점의 미흡한 와인 매출은 명절 기간 베이커리 공실에 특매대 구성과 이후 행사장 확대 예정이며, 주간 대품 실적 부진으로 명절 이후 각 파트장과 소통을 통해서 사전 준비 예정입니다.
> 4) 유통기한 관리: 할인스티커 발생 시 유통기한 등록 미진행으로 교육하여 개선하였습니다.
> 5) 각종 중점 지표에 대해서는 관련 지표를 해당 담당과의 소통을 통해서 개선 및 중요 관리 포인트 공유하였습니다.
> * 관련 현장 사진은 문자로 보고드리겠습니다.
> * 더욱더 자세한 현장관리 포인트는 오시면 현장에서 보시고 많은 코칭 바랍니다.

직속 상사와의 소통을 담당들이 지켜본다

이 글은 부임 후에 한 달 동안 새로운 매장에서 보고 느꼈던 점이나, 생각하고 있었던 내용을 되도록 상세하게 부문장님께 보고드리려고 했다. 특히 제주점은 지리적인 특성으로 언제든지 방문할 수 있는 매장이 아니므로 나의 직속 상사인 부문장님께서 궁금해하실 내용과 점장이 현장에서 진행하고 싶은 내용을 충분히 교감할 수 있도록 하는 데 중점을 두었다.

솔직히 나도 처음에는 부문장님이나, 상무님께 보고드리는 것이 많이 부담되었다. 왜 그럴까? 열심히 하고 있다면 오히려 더 좋은 것이 아닌가 생각하기 쉬운데 말이다. 이것은 과거 권위주의적인 상사를 보필하는 습관에서 나온 것이 아닌가? 생각된다. 지금 우리 회사에 과거 상사의 모습을 가진 분은 거의 없다고 생각한다.

그래서 나는 본부장님, 심지어는 대표님께도 꼭! 필요한 것이 있다면 직접 보고하고 말씀드릴 수 있어야 한다고 생각한다. 실제로 그렇게 실행해 왔다. 우리 영업의 실효성을 위해서라면 신속한 보고와 실행이 중요하기 때문이다. 이런 메일을 보낸 이후에 당시 부문장님은 매장에 방문하셔서, 소주 한잔하시면서 A4지 한 장 분량의 내용과 첨부 사진에 감동적이었던 상황을 짓궂게 말씀하시기도 하였다. 이것은 신뢰가 형성되고 있다는 것이다.

매장의 담당들은 우리 점장이 부문장님이나 본부장님과 관계를 항상 체크하고 있다는 것을 알고 있다. 이것이 단지 조직 내의 호기심과 이야깃거리만으로 나타나는 것이 아니라, 점장을 통해서 우리가 잘하고 있는지, 알고 싶은 것에서 시작되는 것이다.

직속 상사인 부문장, 본부장님과 소통이 원활하다면, 점장의 리더십에 대한 영향력이 매우 커지므로 점 운영에 있어서 매우 효과적이다. 또한 담당들은 직접 소통할 기회가 거의 없으므로 점장을 통해서 점 현장의 애로 사항과 요청 사항이 잘 반영되어 인정받길 기대하고 있다.

점장의 소통은 아래로의 소통도 중요하지만, 위로의 소통이 더욱 중요하다.

이것은 바로 매장 영업의 에너지가 되기 때문이다.

제주점 VOC 보고

고객 응대의 핵심은 경청과 공감이다.

By e-mail

1. 내용
- 수요일 마(100g, 1,290원) 온라인 구매 상품 확인 시 내부 썩고 짓무름.

2. 원인
- 입고 과정 문제: 절단하여 랩 포장 입고로 절단면 충격과 부딪치는 과정에 쉽게 손상되어 내부까지 퍼져 들어감.
- 진열 권장 기간 3일이나 2일 이상의 경우 절단면 변질됨(5개 중 4개 짓무름).

3. 조치

> - 고객 통화를 통해 내부 무름 현상 설명
> - 즉시 담당 방문 진행
> - 진열 시 선도 확인 철저 약속
> - 농산 담당과 짓무름 현상에 대한 진열 시 선도 관리 교육
>
> 4. 개선 방안
> - 마 상품의 진열 관리 D+3일이나 입고 후 2일 내 판매 관리 강화
> - 랩 포장 시 절단면 확인 가능하도록 포장 → 과다한 랩핑 지양
> - 적정량 진열로 부딪힘 최소화
> - 일일 선도 점검 시 절단면 확인 교육
> - 온라인 포장 시 상품 확인 포인트 공유

VOC 관련 대응 방안

제주점은 서울에 있는 매장에 대비하여 VOC가 많은 편이 아니다. 그런 면에서 지방보다 도시 고객이 훨씬 까다롭고, 자신의 피해에 대해서 예민하다고 생각한다.

또한 제주에서 점장 2년 동안 직접 VOC 고객을 만나서 해결한 경우가 몇 번 없을 정도로 현장에서 해당 담당이 내용을 정확하게 설명하고 정중히 사과드리면 대부분의 고객은 수긍하시고 돌아가신다. 송파점, 안성점 등 이전 수도권에 있을 때 VOC 고객은 30~40%는 꼭 점장이 직접 전화하라고 요구한다.

그러면 해당 담당들은 점장이 부재중이라고 하여 어떻게 해서든 직

접 마무리하려고 최선을 다한다.

그런데도 고객이 화를 내고 2차 클레임을 걸어서 점장과 통화하게 된다. 나는 이러한 사실을 알고 난 이후에는 담당들에게 불필요한 말은 하지 말고, 즉시 점장에게 보고하라고 당부한다.

그런 면에서 점장이 직접 VOC 고객과 통화나 대면하게 된다면, 적어도 해당 담당이나, 파트장, 부점장이 최선을 다했는데도 해결되지 않았다고 짐작하고 고객 응대를 해야 한다.

고객 응대의 핵심은 경청과 공감

여기에서 합리적인 사고 또는 법적인 책임, 담당의 정당한 권리, 이러한 문제는 소용이 없다. 우선 고객이 말하고자 하는 내용을 정확히 집중해서 경청하는 것이다. 처음에 고객은 대부분 불만보다는 불만을 해결하는 과정에서 응대한 담당에 대한 불만부터 쏟아낸다. 상기의 '마' 품질 불량에 대한 내용도 비슷하다.

온라인으로 구매한 '마'의 일부분이 썩어 있어서 기분 나빴는데, 생각해 보니 이전에도 비슷한 경험이 있어 화가 더 났던 것이다. 따라서 담당에게 '마'의 품질 문제뿐 아니라, 이전에도 발생한 문제까지 언급하면서 불만을 쏟아내게 된다. 담당은 이렇게 모두 들어준다면 걷잡을 수 없는 피해에 대한 보상을 요구할 것 같아서 '마'에 대한 사과를 드리고 교환 또는 환불 조치와 신선 품질 불량에 따른 5,000원 상품권 지급을 설명하자, 고객의 감정이 폭발한 것이다.

고객의 입장에서는 자존심이 상한다. 환불과 상품권 5,000원이 탐

나서 또는 추가 보상을 요구하는 파렴치한 사람으로 취급했다고 더 큰 불만이 발생하게 된다. 여기부터는 악순환이 된다. 담당은 본인의 실수를 관리자 귀에 들어가지 않게 하기 위해서 더 대응하게 되고 고객과 담당의 2차전이 진행된다. 이런 과정을 거쳐 점장과 상담하게 되는 고객은 첫 번째로 담당에 대한 태도에서부터 우리 회사에 대한 불만으로 확산한다.

나는 고객님의 말씀이 끝날 때까지 모두 경청한다. 30분이든 1시간이든 들어드린다. 때로는 우리 담당이 잘못한 부분에 대해서도 인정하고 점장이 대신 사과하며 잘 교육하겠다는 약속도 한다.

우리의 단골이 된다

이렇게 장시간 대화를 하고 나면 대부분의 고객, 내 경험으로 10명 중 9명은 좋게 마무리된다. 그렇다고 크게 추가 보상도 요구하지 않는다. 그러면 나는 꼭 시즌 과일(박스 또는 케이스 포장된 것) 하나를 드리면서 마음을 풀어드린다. 그러면 이 고객님은 진심 어린 대응과 해결에 대해서 감동하시고, 우리의 단골이 된다.

그래서 담당들에게 VOC 처리에 너무 스트레스받지 말라고 당부한다. 진심으로 대응하고 정말 말도 안 되는 요구를 하게 되면, 점장이나 관리자에게 연결하여 해결하도록 교육한다. 대부분의 고객은 관리자를 만나 회사에서 좀 더 적극적인 해결의 의지를 느끼게 되면, 또한 본인의 의견이 반영되고 있다고 느껴 많이 화를 낮추시게 된다.

결론적으로 모든 고객은 우리와 진심 어린 대화를 원한다.

마트 점장의 덕목

> B 점장은 백화점 고객도 자신의 고객처럼 최대한 활용하고 끌어들일 수 있다고 생각했다는 것이며 그래서 거대한 목표를 실현할 수 있었다.

나는 한 동료 점장에게 물어봤다. "B 점장!! 마트 점장에게 가장 중요한 덕목이 무엇일까? 그리고 마트 점장에게 가장 필요한 역량은 무엇이라 생각합니까?" 이 친구는 스스럼없이 말했다. "마트 점장에게 가장 필요한 덕목은 구성원들을 아끼는 마음입니다. 그리고 중요한 역량은 '구성원들을 움직이게 하는 힘'이라고 생각합니다."

구성원들을 아끼고 진심으로 사랑하는 마음

마치 전장에 나간 지휘관이 부하를 아끼고 사랑하는 마음이 없으면 모래알 같은 조직으로 전멸하고 말듯이, 마트 점장에게는 개개인의 능력과 성과를 떠나 기본적으로 구성원들을 사랑하는 애정 어린 마음이 있어야 한다. 그래야 그다음이 보인다고 했다.

나는 그 말을 듣고 무릎을 '탁' 칠 수밖에 없었다. 역시 훌륭한 동료 점장에게 다시 한 수 배우는 기분이었다. "예를 들면 어떤 경우가 있습니까?"라고 물어보았다.

B 점장이 신임 점장으로 이동한 매장은 오픈한 지 15년 차 되는 매장으로 매출도 최상위권에 있는 매장이었다. 구성원들이 주로 업무를 보는 매장 후방 공간의 가공식품 냉동창고가 너무 협소하여 현장 업무를 보는 구성원들이 너무 힘들어하는 것을 보고, 이것은 아니다. 라는 생각이 들었다고 한다.

그래서 본부장님께서 건의하여 냉동창고를 하나 더 추가 설치할 수 있도록 했다는 것이다.

냉동창고를 1개 더 추가 설치하는 것은 회사의 입장에서 상당한 비용이 들어가는 투자이다. 효과를 따지자면 쉽지 않은 결정이다. 하지만 구성원들이 일하는 환경을 덜어주기 위하여 조치할 수밖에 없었다는 것이다. 그러자, 가공식품 파트장이 속마음을 털어놓고 점장에게 너무 감사하다고 인사를 했다고 한다.

이뿐만 아니라, 지금 근무하는 매장도 백화점과 함께 입점해 있는 매장으로 근무하는 정규직원이 수십 명인데, 직원 주차는 점장, 부점장만 가능하게 되어 있었다.

B 점장이 보았을 때 백화점의 넓은 주차장은 여유가 있어 백화점장과 협의하여 멀리서 자동차로 출퇴근하는 직원들이 편리하게 매장 내 주차를 할 수 있도록 먼저 챙겼다고 했다. 구성원들의 만족도는 물론, 우리 점장이 직원들을 위하는 마음을 읽고 열린 마음으로 소통

이 가능하게 되는 효과가 더욱 크다는 데 의미가 있다.

이처럼 직원들이 좀 더 쉽게 일하고 기분 좋게 업무를 볼 수 있는 환경을 만들어 주는 것은 구성원들에 대한 애정으로부터 나온다고 한다. 나는 이 말을 듣고 고개를 끄덕일 수밖에 없었다.

구성원들을 움직이는 힘

다시 질문을 이어갔다. "그러면 점장이 구성원들의 정서를 잘 챙기는 것도 좋지만, 성과도 올려야 하므로 어떻게 해야 하겠습니까?" 이 또한 막힘없이 말했다. "내부 직원들을 움직이게 하는 힘이라고 생각합니다." "뭐~~ 좀 더 쉽게 설명해 보세요." B 점장이 한 매장에 있을 때 일이다. 내가 지금까지 할인점에 근무하면서 가장 놀라운 성과를 낸 것을 보았다. 다름이 아닌 수산 식품의 활대게 1개 품목으로 한 달 매출 1억을 달성한 것이다.

할인점의 신선식품 중 여름에 수박, 겨울에 딸기, 한우 등심 등에서는 가능한 일이나, 수산 식품에서 월 1억을 판매한다는 것은 정말 기적 같은 일이다. 특히, 수산 식품은 호불호가 분명한 식품으로 모든 대중에게 잘 팔리는 상품이 아니기에 더욱 어려운 일임에도 불구하고 B 점장은 해냈던 것으로, 전 사에서 칭찬받은 사례이다.

어떻게 하면 가능했을까?

물론 뛰어난 수산 파트장과 구성원이 있었기에 가능하였다. 하지만 더욱 중요한 것은 공동의 목표를 잡고 구성원들과 함께 뛰었던 점장의 말에 의하면 점장은 홍보와 마케팅을 챙기고, 수산 파트장은 상품과 판매를 챙기고, 전 직원들이 여기에 응원과 지원을 아끼지 않았기에 가능했다고 한다.

그러면서 B 점장은 "사실 대대적인 홍보와 마케팅이 조금은 효과가 있겠지만, 더 중요한 것은 이런 걸 고민하고 준비하고 진행하면서 구성원들의 집중도는 올라가고 새롭게 다짐하는 좋은 계기가 되기에 더 의미 있는 것이라고 봅니다."라고 했다. 멋진 말이며, 정확히 맞는 말이다. 이렇듯이 점장은 전 구성원들에게 능동적으로 움직일 수 있는 역할을 하는 것이 가장 중요한 역량이다.

넓게 보는 시야와 열정

내가 매장에 근무할 때 복잡한 문제로 머리가 아프거나, 실적이 좋지 않아 기분이 우울할 때 전화로 위안받는 몇 안 되는 동료가 B 점장이다.

항상 전화하면 유쾌하게 매장에서 있었던 일화를 재미있게 전해줘서 그냥 기분이 풀리고 다시 업무에 들어가게 된다. 한번은 백화점장과 있었던 일화를 전해주면서, 백화점으로부터 협업한 것을 듣고 나는 상당히 감동한 적이 있었다.

활대게 1억 판매 목표를 위해서 백화점장에게 공동 마케팅과 협조를 요청하였다고 한다. 백화점 고객에게 SNS 문자 홍보 발송 시 마트 행사 내용을 삽입하고, 백화점의 점내 중앙방송으로 쇼핑하는 고객들에게 방송으로 홍보하고, 백화점이 대형 스크린 광고 영상에 마트의 행사 영상을 올렸으며, 그 외에도 백화점의 주요 코너의 배너 홍보 등 다양한 부분에서 공동 협력을 진행했다는 것이다.

활대게 1억 판매 활동

이것이 정말 쉽지 않은 일이라는 것은 경험한 사람은 잘 안다. 복합몰에서 함께 영업하는 측면에서 보면 백화점은 마트와 대비하여 고객, 매출, 매장 규모의 중요 부문을 차지하므로 갑의 입장이나 다름이 없다. 이런 상황에서 흔쾌히 지원과 협조가 진행되었다면 평소에 상호 소통과 협력관계가 정말 잘 이루어졌다는 것을 알 수 있다.

그러나, 이것만으로는 활대게 1억이 어떻게 가능했는지 궁금했던 나의 질문이 풀릴 수 없었다. B 점장의 매장은 고객 규모에서 보면 불가능한 목표였다. 할인점은 소매유통으로 기본적인 객 수의 규모가 받쳐주지 않으면 해낼 수 없는 목표였는데, B 점장은 백화점 고객도 자신의 고객처럼 최대한 활용하고 끌어들일 수 있다고 생각했다는 것이며 그래서 거대한 목표를 실현할 수 있었다고 했다.

이러한 성공적인 결과가 가능하게 한 것은 본인의 매장에만 한정된 자원과 잠재력을 보지 않고 넓은 시야를 가진 B 점장의 열정과 도전 정신이 있었기에 가능하다고 생각한다.

나도 제주점장으로 근무하면서 제주에 있는 우리 그룹사의 호텔 총지배인, 렌터카 사업단장, 롯데 편의점 책임자와의 유대관계를 항상 챙겨왔었다. 그러면서 상호 Win-Win 할 수 있는 협력마케팅을 많이 진행해 왔었다. 예를 들면, 렌터카 고객 데스크에 당점의 할인권을 비치하여 제주를 여행하시는 고객님이 우리 매장을 찾게 하도록 했다.

그 결과 점의 렌터카 입차율이 5%에서 8%까지 늘어나는 효과를 보았다. 그리고 롯데 세븐일레븐의 제주시 외곽 각 매장에도 할인권 배포가 가능하도록 협의하여 핵심 상권 밖에 있는 고객을 유치하는 데 큰 공헌을 하였다. 이러한 덕분에 제주도 內에서 1등 매장이 될 수 있었다.

점장의 무궁무진한 역할

나는 대형마트 점장을 하면서 항상 고민이었다. 구성원들과의 신뢰 관계를 어떻게 하면 돈독하게 할 수 있을까? 그리고 우리에게 주어진 업무의 성과를 어떻게 하면 해낼 수 있을까? 이 2가지는 서로 상충하는 면이 많아 참으로 쉽지 않다. 구성원들과의 신뢰 관계에만 무게 중심을 두면 자칫 조직이 느슨해질 수 있으며, 성과에 집중하게 되면 구성원들과 거리감이 생기게 된다.

특히 우리의 업무는 유통 서비스업이기에 현장의 판매 직원 1명, 1명의 역할이 중요하므로 구성원들을 능동적으로 움직이게 하는 것이 중요하기 때문이다. 일선 점장으로 근무하면 많은 어려움이 있다. 그리고 모든 매장의 상황은 모두 다르다. 그러므로 점장이 할 수 있는 일은 현장에서 찾아보면 생각보다 할 수 있는 일들이 많이 있다.

현장에서 수고하시는 모든 점장님의 노고에 박수를 보낸다.

롯데렌터카 제주사업단장

> 스티브 잡스의 "혁신은 리더와 추종자를 구분하는 잣대입니다."라는 말과 일맥상통한다. 점장은 더 이상 업무 지침의 추종자가 아니라 리더가 되어야 한다.

오늘 롯데렌터카 제주사업단장을 만났다. 올해 와서 처음으로 만나는 자리인 만큼 그동안의 근황도 아주 궁금했다. W 단장은 나와 나이도 동갑이고 업무를 대하는 자세와 마인드가 비슷해서 만나면 항상 많은 도움이 되는 분이다. 특히 아이디어도 많고, 다양한 활동으로 열정이 넘치는 분이라 많은 것을 배우고 좋은 동기부여도 받고 있다. 이러한 성격으로 몇 년 전에 제주지점장으로 부임하여, '코로나 위기'를 기회로 만들었다. 처음 부임할 때는 롯데렌터카 제주지점이었으나, 지금은 롯데렌터카 제주사업단으로 조직을 확장, 승격시켰다.

코로나 과정에는 '다이내믹 프라이싱'을 도입하여, 대기 차량에 따른 가격 연동제를 적용하는 영업시스템 개선으로 엄청난 수익을 개선하였다. 이를 기반으로 작년 제주도 로컬업체 자산 양수도를 성공적으로 이끌어, 총보유 차량 3,000대로 제주도 內 1등 렌터카 브랜드로 자리 잡았다. 참고로 제주도 內 렌터카 증차는 법적 규제 대상으로 묶여 있어, 다른 업체를 인수하지 않으면 사업 확대가 불가능하여 W 단장은 큰 노력과 전략으로 중견업체를 인수하였고, 증차한 차량을 효율적으로 운영하여 부임 전 대비 7배 이상의 성과를 낸 공을 인정받아 제주사업단장으로 승진하였다.

W 단장과 나는 제주도 시장의 특성과 잠재력에 대해서 지난 2년간 많은 의견을 나누었다. 나도 서귀포시에 있는 다른 대형 매장 인수를 고민하고 있었다. 제주시 1개 매장에서만 영업 중인 우리와 제주시, 서귀포시에 매장을 운영하는 경쟁사 간에 최대한 대등한 관계를 유지하기 위해서였다.

그렇게 제주시와 서귀포시의 상권을 확보하면 제주도 內 전체 상권을 공략할 수 있기 때문이다. 아쉽게도 나는 여러 가지 사정으로 뜻을 이루지 못하였지만, 대단한 일을 해낸 W 단장의 제주사업단장 승진을 정말 축하한다.

롯데렌터카 반납 코너의 벽화

여전히 열정적으로 활동하고 계시는 W 단장님께서 오늘은 어떤 업무로 나를 감동시킬까? 한껏 기대하는 마음으로 렌터카 사무실을 방문하였다. 도착하자마자 W 단장은 나를 렌터카 반납 코너로 데리고 가시더니 벽면에 그려진 벽화를 자랑하였다. 제주를 연상케 하는 그림은 여행객이 많이 방문하는 이곳에서 처음과 끝을 기념하기에는 더없이 좋은 아이디어였다. 이 작품을 위해서 제주도 內 곳곳에서 유사한 벽화를 벤치마킹하고, 화가를 찾아 나섰으며, 효율적인 비용으로 만들어진 과정을 나에게 열정적으로 설명하였다.

제주 롯데렌터카 입구의 배롱나무

이것뿐만 아니었다. 입구 진입에 수형(나무 모양)이 좋은 배롱나무를 이번 봄에 심었다고 깨알 같은 자랑도 빠짐없이 말씀하신다. 어쩜 이렇게 비슷한 생각을 하고 있을까? 나도 우리 롯데마트 제주점에 '제주국제공항의 환영 포토존'을 벤치마킹하여 매장 1층 무빙워크 입구에 구성하려고 생각하고 있었는데. 나는 아쉽게도 퇴직하였고, 남은 부점장에게도 취지와 효과를 설명하고 당부하였다.

새로 부임한 점장과 부점장이 입구에 좋은 아이디어로 '포토존'을 훌륭하게 구성하였지만, 대한민국 최대 관광지의 롯데마트인 만큼 좀 더 멋지게 구성하였으면 하는 아쉬움이 남는다. 특히 올해 외국인 관광객이 전년 80만 명의 3배 수준인 연간 200만 명대에 육박하므로 더욱 필요한 때이다. 롯데렌터카 제주사업단장의 성과와 활동은 또 한 번 나에게 많은 영감과 가르침을 줄 뿐 아니라 마트 점장에게 좋은 사례가 된다고 생각한다.

마트 점장도 위 사례와 같이 현장에서 끊임없이 상권 확대와 고객 유치, 경쟁력 향상 활동을 통해서 동일 지역 내에서 같이 경쟁하고 있는 타 할인점과의 치열한 경쟁에서 앞서가기 위해 노력해야 한다고 생각한다. 특히나 지금은 대형 할인점 업계가 성장하는 비즈니스 분야가 아니라, 정체기 또는 쇠퇴기에 있으므로 생존을 위한 영업 마인드와 그에 맞는 점장의 역할 변화도 있어야 한다고 생각한다.

이런 측면에서 대형마트 점장 역할이 이제는 아래와 같이 분명 달라져야 한다고 주장하고 싶다.

제주공항 포토존

롯데마트 제주점 포토존

최전선 야전 사령관의 마인드로 전환

지금의 유통업계는 천지개벽할 정도로 많이 변하고 있다. 같은 상권에 있는 경쟁사와 전통적인 유통업체뿐 아니라, 온라인몰, 해외 직구 등이 위협하고 있다. 간단히 전투로 비유하면 한 지역을 교두보로 영업하는 고립무원에서 살아남기 위한 방안으로 전환해야 한다. 과거에는 이웃에 있는 경쟁사와 이격 거리와 상품 구성을 무기로 야전에서 상호 전투 하였다면, 지금은 앞에 보이는 경쟁 상대뿐 아니라, 보이지 않는 경쟁 상대와도 전투를 해야 하는 상황이다.

그런 측면에서 보면 밀림을 수색하는 수색대장이나 다름이 없다. 사주경계만 잘하면 되는 것이 아니라, 공중과 지하에서도 있을 수 있는 적과 무기를 경계해야 하는 상황에 부닥쳐 있는 야전 사령관이나 다름이 없다.

마트 점장 관점에서 보면 본사와 상품팀, 마케팅팀에서 뒷받침해 주는 지원과 전략적인 운영뿐 아니라, 점장이 현장에서 느끼는 위협적인 요인을 끊임없이 찾아 대응해야 하며, 자사 내부의 강점과 잠재력을 찾아서 효과적인 무기로 활용해야 한다.

한 사례로 제주점의 전기차 충전소는 주차장 입구에 고속 충전기 6대 포함 주차면에 10대 있다. 부임 때 1대만 있었으므로 전기차 고객은 우리 마트를 찾아야 하는 이유가 크게 없었다. 마침, 롯데정보통신에서 전기차 충전소 사업을 진행하고 있어 나는 매장의 제일 좋은 자리인 주차장의 입구에 최대 설치 가능한 10대를 진행했으며, 고속 충전기 6대도 성능을 최고로 했다. 이유는 제주도는 섬 지역의 특성으로 전국 최고의 전기차 보급률을 자랑하고 있으며, 우리 매장은 시내 중심가에 자리 잡고 있기 때문이다.

또한, 신 제주시 도심에 전기차 충전소가 절대적으로 부족하기 때문에 고객 유치에 좋은 서비스 포인트이기 때문이다. 경쟁사는 16대 분량의 전기차 충전소가 있으나, 옥상층에 있을 뿐 아니라, 충전 시간도 기본이 1시간 이상이다. 나는 이것 또한 경쟁사 대비 절대 우위의 경쟁력 개선 요소로 활용하고자 했다. 이후에 롯데정보통신 담당자의 자료에 따르면, 월 이용 차량이 1,300대로 전체 입차량의 5% 구성비이며 전국에서 가동률이 제일 높다고 했다.

이러한 각 점 생존력 개선 포인트는 현장의 점장만이 정확히 알 수 있고 개선을 실행할 수 있다.

회사원이 아닌 사장의 마인드로 전환

회사원과 사장의 차이는 무엇일까? 내가 생각하기에 회사원은 주어진 업무에 최선을 다하면 된다. 단, 결과에 대한 무한 책임을 지지 않는다. 반면에 사장은 회사가 무너지면 자신의 운명도 같이한다는 점이 가장 큰 차이다. 즉, 무한 책임과 함께 당신의 업무에 혼신을 다한다. 그래서 사장은 직원이 보지 못하는 것도 볼 수 있으며, 하지 못하는 일도 해낼 수 있다.

스티브 잡스의 "혁신은 리더와 추종자를 구분하는 잣대입니다."라는 말과 일맥상통한다. 점장은 더 이상 업무 지침의 추종자가 아니라 리더가 되어야 한다.

매장의 경쟁력에 보탬이 되는 것을 찾아서 끊임없이 개선해야 한다. 현재 점장이 챙기는 매장 관리 중심 업무는 부점장, 파트장에게 위임해도 충분하다. 물론 점장이 책임 관리를 해야 하지만, 점장은 매장의 생존을 위한 노력에 집중할 때이다.

스티브 잡스

작은 것부터 챙긴다

사장의 마음으로 매장을 바라보면 할 수 있는 것이 너무 많이 보인다. 앞에서도 언급하였듯이 송파점장으로 부임하였을 때, 당시 사장님께서 첫 말씀이 "김 점장이 안성점에서 하였던 것 같이, 하나하나 매장의 잠재력과 경쟁력을 개선하다 보면 해답이 나올 수 있지 않겠느냐?"라고 하시면서 매장을 그렇게 운영해 보라고 당부하셨다.

나는 대표님 말씀이 너무 가슴에 와닿았다. 거창한 것을 시작하기보다는 차근차근 매장의 문제점을 찾아 개선하고 강점을 찾아 영업 경쟁력을 키워나가면 된다. 꾸준히 포기하지 않고 점장이 구성원과 할 수 있는 것을 하나하나 하다 보면 매장은 새로운 활력을 찾게 된다. 이것이 점장의 역할이다. '송파점만의 토요 통큰 장날'이 대표적인 사례라고 생각한다.

이러한 결과 매장 실적은 꾸준한 성장을 하였으며, 코로나 발생으로 바로 전 1, 2월에는 드디어 1차 목표한 '전년 대비 성장하는 매장의 지표'가 나왔다. 나는 물러나신 대표님께 달려가고 싶었다. 당신의 말씀이 맞았고 우리는 해냈다고… 역시 대표님께서는 마인드가 달랐고, 가능성을 보고 지원해 주셨기에 가능했다.

롯데렌터카 제주사업단장님도 일선 야전 사령관같이 판단하고 시기를 놓치지 않고 추진하였으며, 사장의 마인드로 제주사업단을 책임 운영하였기에 지금과 같은 성과가 있지 않았나 생각한다.

신선식품 경쟁력 향상

지금까지 근무하면서 완벽한 매장은 못 봤지만, 높은 수준의 고객 만족도를 얻는 매장은 많이 봤다.

By e—mail

각 파트장님!!!
어제 전 사 신선 불만 VOC와 제주점 고객 응대 불만 건입니다.

○ 불만족 온 · 오프
▶ 선도 및 품질 불량
– 제주점: 포도 선도 저하(곰팡이)로 인한 고객 불만
– 제주점: 배추 선도 저하(내부 변질)로 인한 고객 불만
▶ 불친절 관련
– 제주점: 문의 요청 사항에 대한 안내 미흡(할인 상품 미적용)으로 인한 고

> 객 불만
>
> 최근 빈번하게 발생하는 데에는 하절기 장마철로 인한 신선식품의 품질 관리 어려움과 고객님들의 불쾌지수가 높은 것이 원인이라고 볼 수 있습니다.
>
> 서비스업 종사하는 우리는 고객의 눈높이에 맞추어 더 신중한 품질 관리와 고객 응대가 필요합니다.
>
> 다시 한번 현장 구성원들과 아래 내용에 대해서 소통 바랍니다.
>
> 파트장님!! 주 1회는 꼭 내부 구성원들과 소통하세요.
>
> 1등 제주점 파이팅.

신선식품의 품질 향상을 위한 우리들의 노력

농산, 축산, 수산, 조리 파트장들과 소통한 내용이다. 대표님, 본부장님께서 부임하시고 항상 그래왔듯이 신선식품의 품질 개선에 대해서 강조하셨다. 물론 할인점 영업의 핵심 업무이므로 절대 피할 수 있는 업무가 아니다. 역대 모든 대표님을 비롯한 경영진들도 똑같이 강조한 사항이다.

나는 이전 회사에서 롯데마트로 M & A 되기 전 3~4년 동안 혹독하게 신선 품질 관리에 대해서 트레이닝 받았다. 정말 목숨 걸고 했다고 할 정도로 모든 시스템을 신선 품질 개선에 집중하였던 상황이었다. 대표적인 것이 고객 미스터리 쇼퍼(Shopper) 활동을 통한 신선식품 선도 평가이다. 즉, 모니터 요원이 고객으로 가장하여 쇼핑하면서 상품의 선도

(물론 선도 민감 상품 10종류 전후)를 확인할 뿐 아니라, 근무하는 직원들은 얼마나 선도에 대해서 열정적인 마인드로 고객 응대를 하는지를 체크한다.

예를 들어 고객이 "이 사과 맛있어요?"라고 문의한다면, "예, 맛있습니다."라고 답변하면 감점이다. 제대로 된 답변은 "예 고객님, 해당 상품은 기준 당도 12브릭스이지만 13브릭스 이상 나오는 상품으로 맛있습니다."라고 답변을 해야 상품에 대한 신뢰와 함께 고객님의 만족도가 높아진다는 것이다. 정말 힘든 업무였다는 생각이 든다.

그런 면에서 롯데마트에서 지난 13년간 선도를 관리하는 업무가 그리 힘들지 않았다고 한다면, 서운하게 생각하시는 분들이 많겠지만 어쩔 수 없다. 지난 과정에서 우리의 노력이 부족했다.

하지만 재작년부터 임원을 리더로 하는 'Lead Fresh팀'을 만들어 실행되는 과제들은 구호에 거치지 않고 고객 눈높이에 맞는 개선이 시작되었다. 상품의 입고부터 현재 상품의 선도 관리에 나타나는 문제점인 포장의 문제점, 산지별 품질 차이, 매장 보관, 진열 방법, 발주까지 분석을 통한 개선 활동을 시작하면서 매우 큰 개선 효과를 영업 현장에서 느낄 수 있었다.

현장 실행에서 딜레마

현장 영업을 담당하는 매장에서는 개선된 관리 지침으로 업무 변화를 실행하도록 챙겨야 한다. 이 점에서 기존의 업무 틀을 깨고 새롭게 현장에 적용해 실행해야 하는 관리자의 입장에서는 담당들과 사소한 논쟁으로 서로 간에 얼굴을 붉히는 상황이 많이 발생하였다.

가장 기억나는 건은 농산 파트다. 대표적인 경우가 진열 기한을 지키는 일이다. 농산 담당이 판매재고가 남아 어쩔 수 없이 진열 기한을 지키지 못하는 경우가 발생하면 담당은 품질이 양호한 상품을 폐기하기보다는 할인스티커를 붙인다. 관리자는 판매 지침에 따라서 폐기를 지시한다. 1~2개일 경우에는 문제없으나, 재고가 많을 경우, 파트장은 수긍하지 않고 지침의 문제점에 대해서 항변한다.

신선식품은 공장의 생산품과 달리 규격화되어 있지 않으며, 생산 지역도 다소 다르며, 상품의 이동 간, 수확 후 이동 시간에 따라 품질 변화가 발생하며, 매장 입고된 이후에도 각 매장의 컨디션, 담당자의 업무 스타일, 역량 등 다양한 변수에 따라서도 품질의 변화가 지속되기 때문이다. 그래서 참으로 힘들고 어려운 일이다.

신선식품 품질 개선을 철저한 팀워크로 극복

나는 이러한 업무를 개선하기 위해 가장 중요한 것은 첫째, 파트별 소통이라고 강조한다. 그래서 파트장 중심으로 주 1회 반드시 소통을 위한 간단한 미팅을 하도록 교육한다. 이 자리에는 시니어 담당뿐 아니라, 주니어 담당도 같이 참석해서 선도 관련 이슈를 꼭 공유하고 함께 협력하여 관리하고 대응하도록 반복적으로 챙긴다.

예를 들면 제주점의 농산 매장은 시니어 담당과, 주니어 담당 포함 10여명 이상이 같이 업무를 보고 있다. 각자 근무 시간이 다르며, 쉬는 시간도 다르기 때문에 이들이 함께 근무하는 때는 한 번도 없다. 위 VOC의 '포도 선도 저하(곰팡이)로 인한 고객 불만'의 경우 매우 심각한 문제가 발생한 것이 아니다. 일요일 오픈 업무자와 마감자 그리고 월요일 오픈 근무자와의 소통만 잘되면 발생하지 않을 문제이다. 포도는 기본적으로 상온에서 2~3일이 지나면 변질(곰팡이)이 발생하기 시작한다.

이러한 품질 불량상품이 발생하는 데에는 여러 가지 경우가 모두 다르다. 1) 과다한 발주로 인한 판매가 적체되어 이월될 경우. 2) 고객이 상품을 고르는 과정에 한 상품이 지속적으로 밀려나는 경우, 손을 많이 타면 쉽게 변질됨. 3) 관리적인 측면에서는 마감 시 판매 잔량 냉장 보관 유지, 이전에 상품의 상태를 보고 선 할인 판매 실행 미흡 경우 등등 수없이 많은 경우에 의해서 발생하고 있다. 그렇다면, 한 사람만 열심히 확인하고, 판매하고, 관리해서는 안 된다.

마치 현대 축구팀의 조직력에 의한 협력과 압박 수비와 똑같다. 지금 현 시간에 근무하는 담당이면 누구나 품질 관리 해야 할 일들을 실행해야 하며, 특정 상품의 문제가 발생하면 집중적으로 체크(압박수비)하여 이른 시일 안에 해결해야 한다.

어떻게 보면 매우 어려울 것 같지만, 슬기로운 파트장은 구성원과의 소통을 통해서 잘 풀어나간다. 물론 이렇게 해도 온도와 습도, 시간에 민감한 신선식품을 완벽하게 관리하기에는 쉽지 않다. 그래서 판매된 상품이 고객의 불만으로 VOC에서 올라오는 경우도 있다. 지금까지 근무하면서 완벽한 매장은 못 봤지만, 높은 수준의 고객 만족도를 얻는 매장은 많이 봤다.

신선식품 경쟁력 향상은 현재의 경쟁력이자 미래의 먹거리

현장 점장으로 근무하면서 갈수록 오프라인 마트 영업이 많이 힘들어지고 있다는 것을 많이 느낀다. 이것은 나만이 느끼는 점이 아니라 우리 회사에서도 느끼고 있는 점으로, 앞에서 언급하였듯이 신선식품 품질 개선을 위해서 큰 노력을 아끼지 않고 있다는 것은 잘 알고 있다.

하지만 현장에서 느끼는 점은 너무 답답하다. 신선식품이 우리 할인점에서 핵심 가치라는 것을 모두가 인식하면서도 핵심 가치에 대한 혁신적인 접근을 하지 않고 있다는 생각이 든다.

마치 온라인몰을 처음 접하고 준비하는 것과 비슷한 양상으로 가고 있는 느낌이다. 온라인몰을 매장에 처음 세팅하자 손익구조만 가지고 줄이고 늘리는 갈지자 행보를 하다가 지금은 많은 기회를 놓친 것과 같이 신선식품 경쟁력도 동일한 결과가 나오지 않을까? 걱정이다.

신선식품은 온라인으로 많은 것이 대체되겠지만, 절대 완전히 대체될 수 없는 카테고리라고 확신한다. 단적인 예로 여름에 수박 매대에서 대면 판매를 해보면 제일 위에 있는 상품을 순서대로 가져가는 고객은 없다. 꼭 2~3개 이상 골라보고 구입한다.

마트는 온오프라인 고객을 모두 만족시킬 수 있는 아주 큰 메리트이자 강점이 분명하게 있다. 이것에 좀 더 확실한 현장의 인재 양성을 위한 투자가 필요하다. 결국 사람이 하는 일이다. 핵심 산업에 핵심 인재가 투입되어야 한다.

드림타워 호텔
구매팀과의 인연

> 구성원들과 함께하면서 느끼는 인정 어린 사람 냄새를 비롯하여 고객과 만남을 통해서 알아가는 지역 사정과 우리의 존재감을 찾아가면서 느끼는 즐거움도 많이 있다.

지난해 2월 어느 날이었다. 오전 농산의 과일매장에서 상품의 진열과 신선도를 체크하고 있었다. 그런데 매장에 한 젊은 고객이 쇼핑카트에 고급 과일만 상품별로 5~6개씩 담는 것이었다. 나는 직감적으로 생각했다. 이분은 개인 고객이 아니라, 기업체이거나 관공서에 급하게 손님 접대용으로 과일을 구매하러 오신 분이라는 것을 알 수 있었다.

제주점의 기회 요소 사업자 고객

여기서 잠시, 제주점의 특징 중의 하나가 더 있다. 이 또한 점장 입장에서 황금 덩어리를 찾는 것 같은 기분이었다.

제주도에는 서울과 같이 과일 도매상이나 과일 전용 유통업체가 미흡하다. 그래서 매장에서는 과일을 대량으로 구매하는 고객을 자주 만나게 된다. 즉, 한번은 일주일에 두세 번씩 아보카도 40개, 망고 40개를 올 때마다 구입해 가시는 고객이 있었다.

이럴 때는 인사를 하고 통성명하는 것이 좋다. 확인한 결과 고객님은 애월에서 과일 주스 전문 카페를 운영하는 분이었다. 우리에게는 큰 손님으로 인사하며 물어봤다. "손님! 우리에게 구매해 주시어 감사하나, 왜 롯데마트입니까?" 고객님의 답변은 간단하다. "롯데마트 아니면 이만한 상품을 이 가격에 구입할 수 있는 곳이 없으며, 롯데마트 과일이 제일 좋기 때문입니다." 나는 당장 파트장에게 전달하고 특별 관리 하도록 강조하였다.

드림타워 호텔 L 대리와 인연

이러한 경험이 있는 나는 젊은 아가씨 고객님께 인사를 하며 말을 걸었다.

"고객님, 어디에서 오셨어요?"

"예! 드림타워 호텔 구매팀에서 왔습니다."

나는 속으로 너무 반가웠으나, 내색하지 않고 다시 질문했다.

"이 많은 과일을 어디에서 사용하려고 구입하십니까?"

"예! 오늘 VIP가 급하게 내려오시는데, 스위트룸에 들어가는 것입니다."

"우리 점을 이용해 주셔서 감사합니다. 혹시 필요한 것이 있으면 말씀하세요."

말하고 나는 농산 담당을 담당을 불렀다. 그리고 인사를 시키고 명함을 교환하도록 하였다.

앞으로 특별히 잘 챙기도록 당부하고, 다음에는 필요한 것이 있으면, 담당에게 미리 요청하라고 말했다.

그리고 짓궂게 또 질문했다.

"그런데 왜 우리 마트에 오세요. 바로 앞에 대형 할인점도 있는데…."

"작년에는 그쪽에서 주로 구매했는데, 하루는 찾는 상품이 없어 롯데마트에 왔는데 상품이 훨씬 좋았습니다. 그래서 지금은 여기로만 와요!"

이런 대박이…

나는 함박웃음을 지을 수밖에 없었다.

드림타워 호텔에서 되돌아온 선물

이렇게 인연이 된 드림타워 호텔과의 인연은 지속적으로 소통의 창구로 이어졌다. 대표님께서도 드림타워 호텔과 어떻게 해서든 마케팅 연계를 할 수 있도록 연구하라는 지침을 받기도 하였다. 나는 이러한 인적인 네트워크를 최대한 활용하여 드림타워 호텔과 협업 할 수 있는 방안을 찾기 위해서 여러 가지로 제안하였으나 쉽지 않았다. 구매팀이나 와인바에서는 꾸준하게 우리에게 상당한 상품을 구매하는 것으로 관계를 유지하고 있었다.

그런데 그해 8월에 드림타워 구매팀에서 점장 앞으로 문자가 왔다. "올 추석 임직원 선물용 세트를 구매하려고 하는데, 필요한 물량은 OOO개인데 가능하겠느냐?"라는 상담 문의였다. 더 큰 제안은 개당 0만 원 수준으로 할인과 혜택 가능한 방안을 가지고 상담했으면 좋겠다는 것이다. 이 정도 규모이면, 제주도 內에서 단일 업체 세트 구매로는 가장 큰 규모이다. 물론 서울 지역에서도 쉽지 않은 규모이다.

제주도의 명절 세트 매출 규모는 육지에 비하여 턱없이 작다. 제조업체가 거의 없기 때문이다. 대형 관공서와 일부 단체가 있지만, 대부분은 지역 내 연결고리로 구매하기 때문에 우리와 같은 대형마트를 찾는 고객이 많지 않다. 그런 면에서 드림타워의 추석 선물 세트 구매는 우리 매장 전체 세트 매출의 실적 개선에 엄청난 도움을 주었다. 참고로 드림타워는 2020년 11월 코로나 팬데믹이 한창일 때 오픈하여, 운영의 어려움으로 직원 선물을 주지 못했다고 한다. 엔데믹으로 운영이 활성화되어 임직원들에게 선물을 하기로 하고 첫 구매를 우리 롯데마트에서 하게 되었다.

현장 영업의 즐거움

매장에서 근무하다 보면 힘든 일, 어려운 일들도 많다. 하지만 구성원들과 함께하면서 느끼는 인정 어린 사람 냄새를 비롯하여 고객과 만남을 통해서 알아가는 지역 사정과 우리의 존재감을 찾아가면서 느끼는 즐거움도 많이 있다. 천안점에서는 한번은 한 어르신이 점장을 찾아서 만나 뵈었는데, 하시는 말씀이 "충절의 고장 천안에서 이런 대형 할인 점장으로 내려오시면 우리 동네 경로당에 방문하여 인사라도 해야 하는 것이 아니냐?"라고 요청하셔서 경로당에 음료수를 가지고 인사드린 기억이 난다.

 그때 느낀 것은 내가 알고 있는 교통중심지 천안과 달리 여기 어르신들은 충절의 고장으로 자부심이 대단하다는 것을 알게 되면서 이 지역의 분위기를 파악할 수 있었다. 지방에서 점장으로 근무하면서 알아가는 재미와 즐거움이라고 생각한다.

점장 영향력으로
매장을 얼마나 바꿀 수 있을까?

"현재 장점을 살리고, 나의 강점을 접목하다."

점장 생활을 하면서 꾸준히 생각해 왔던 점이다. 과연 일개 점장이 대형 할인점의 실적을 얼마나 개선할 수 있을까? 있다면 얼마나 가능할까? 그리고 점장이 실적을 개선하고자 한다면 어떻게 가능할까? 점장의 어떤 권한이 주어졌을 때 실적 개선이 가장 큰 도움이 되는가? 등등 많은 경우의 수와 여건에 따라서 결과는 많이 달라질 것이다. 이 문제는 단정적으로 말할 수 없지만, 분명한 점은 점장의 역할에 따라서 매장의 실적 차이는 확연하게 나타나고 있다. 이것은 지난 20년 이상 매장에서 근무하면서 개인적인 경험과 선배, 동료 점장의 사례를 보면서 알 수 있었다. 단, 아래 언급한 사례는 상권과 경쟁사의 변화가 없는 전제에서 점장 영향력만으로 발생한 결과다.

두 점장의 사례

2003년, 부산 해운대구의 한 할인 매장으로 발령 났다. 물론 이때 나는 점장이 아니고, 부점장으로서 선배 점장이 어떻게 성과를 내는가 보면서 많이 배운 시기이다. 해당 매장은 매장 규모 약 1,200평으로 할인 매장치고는 작은 매장이었다. 또한 높고 큰 건물도 아니고, 큰 대로변에 있어 누구나 쉽게 인지할 수 있는 매장도 아니었다. '고객 속으로'라는 전략 아래 주택가 중심으로 들어가 오픈한 시티형 매장이었다.

갓 오픈한 매장이며 매출 5,000만 원 수준으로 부족한 점이 많은 매장이며 손익도 적자였다. 더욱이 매장 진입로 입구에는 부산 경남 지역에서 인지도가 높은 대형 슈퍼마켓이 오랫동안 영업을 하고 있어, 주변 고객들의 충성도와 인지도가 매우 높았다. 이런 열악한 환경의 매장에서 3년간 근무하면서, 2명의 점장을 보필하면서 매장 규모가 일 1억 매출로 딱! 2배 성장하는 과정을 직접 경험하였다. 이는 이후 내가 점장으로 일을 하는 데 큰 지침이 되었다. 두 분의 점장이 성과를 내기 위해서 어떻게 하였는지 핵심적인 부분만 정리하고자 한다.

S 점장: 나는 할인점을 잘 모른다

대형 할인점이든 작은 편의점이든, 아니면 작은 커피숍이든 오픈 전 충분한 시장조사와 고객분석을 통해서 영업을 시작하게 된다. 하지만, 막상 영업을 시작하면 부족한 점과 문제점, 고객들의 불만을 많이 듣게 된다. 이것은 당연한 결과이자 필연적으로 직면하게 되는 현장 경험이다. 즉, 갓 오픈한 매장은 좋은 원석을 빛나는 보석으로 만들기 위한 1차 가공품에 지나지 않는다.

2차로 일선 점장이 고객 불편 요소, 고객 Needs를 파악하고 지속적인 보강을 통해서 매장의 완성도를 높여야 한다. 바로 이 부분이 점장의 영향력으로 채워야 하는 10~20% 영역이라고 볼 수 있다. 그런데, 새로 부임한 점장은 우리 회사 편의점 사업부 고참 부장으로, 할인점 근무 경험이 전혀 없는 분이었다. 부점장인 나에게 큰 부담일 뿐 아니라, 암담한 상황이었다. 그런데 이분은 달랐다. 매장을 하루하루 변화시키고, 성과를 만들어 가는 과정은 그야말로 드라마틱했다.

경청과 실행

부임한 후 첫 회의에서 하신 말이 지금도 기억에 생생하다. "나는 할인점을 잘 모른다. 하지만, 여러분들이 우리 매장에 대해서 주저 없이 말해주면, 어떤 일이든 내가 먼저 뛸 것이며, 고참 부장으로서 내가 잘할 수 있는 것으로 본사 각 부서를 찾아가서 어떻게 해서든 지원하도록 하겠다." 그리고 우리들이 제안하는 모든 것을 경청하며, 하나하나 실행을 주도적으로 추진해 나갔다.

자신의 장점을 극대화하다

한 사례로 우리 매장은 약 1,200세대가 되는 L 아파트 단지를 배후에 끼고 있었다. 그리고, 그 뒤편에는 당시 2,300세대로 대형 아파트 단지인 부산 아시아선수촌아파트 단지가 있었다. 매장 직원들은 이 아파트 단지 주민들이 걸어서 우리 매장으로 방문하기에 너무 불편하다고 했다. 담 하나를 사이에 두고 후문과 정문으로 돌아서 와야 하며, 특히 아시아선수촌아파트 고객님들은 L 아파트 단지를 가로질러 오면 5분 만에 매장에 올 수 있으나, 돌아오면 15분 이상 걸릴 뿐 아니라, 우리 매장 앞 사거리에 위치한 경쟁사 대형 슈퍼를 경유하여야 한다.

이 문제 해결을 위해서는 먼저 L 아파트 관리 사무실과 협의해서 아시아선수촌아파트 고객님들이 지나올 수 있도록 해야 하며, 그리고 우리 매장 뒤편으로 고객이 쉽게 걸어올 수 있도록 보행로를 만들어야 했다. 점장님은 "좋아! 이런 것은 내가 잘할 수 있는 것이다. 너희들은 매장에서 열심히 장사해라!"고 하시며, 본사와 관리사무소와 동분서주 뛰면서 두 달 만에 모든 것을 해결했다. 이 문제 해결은 약 3,500세대 고객을 우리의 충성 고객으로 만들었고, 이후 매장이 지속적으로 성장하는 초석이 되었다.

이외에도 당시 DSLR 카메라가 큰 인기였음에도 불구하고 우리 매장은 작은 매장이라 전문점이 입점하지 않으려고 하는 상황을 본사와 상품팀과 협의해서 입점시켰다. 또 부산 지역 수산물과 농산물을 부산 공동 어시장과 강서구 엄궁 농산물 시장에서 직접 구매 가능하도록 본사와 협의하여, 경쟁사 대비 품질과 가격에서 우위를 유지하도록 지원해 주셨다. 나는 이전에 느끼지 못했던 담당들의 반응을 볼 수 있었다. 본인들의 의견을 들어주고, 믿어주고 지지해 주는 점장을 위해서 미친 듯이 일하는 것이었다.

결과는 매장의 실적 개선으로 그대로 반영되었다. S 점장이 1년 3개월 근무하는 동안 매장 매출은 일평균 8,000만 원으로 1.5배 개선되었다.

L 점장: 나는 장사에는 자신 있다

그 이후 부임하신 L 점장님은 유통 현장에서 잔뼈가 굵은 분이었다. 점장 경험도 있었으며, 유통의 꽃이라 불리는 상품팀, 즉 MD 경험도 있었던 분이었다. 특히, 농산물 구매 담당을 하면서 전국의 산지도 잘 알고 계신 분이었다. 이러한 분이 잘 범하는 오류는 내가 가장 잘 알고 있다. 그래서 전임 점장의 성과에 대해서 폄하하는 경우를 많이 보게 된다. 이러한 경우 모든 것이 새로운 영업 환경 즉, 업무 환경이 재편성되어 이전 성과의 기반 위에서 쌓아가는 것이 아니라, 원점에서 시작하게 된다.

현재 장점을 살리고, 나의 강점을 접목하다

하지만, 점장님이 부임하신 후 보여주신 말과 행동은 달랐다. "나는 장사에는 자신 있다. 이전에 계신 점장님께서는 마트 근무 경험이 없지만, 매장의 하드웨어 및 영업하는 환경을 잘 만들었던 것으로 알고 있다. 지금부터는 열심히 장사하면 된다. 신나게 팔아보자."고 하시며 농산 매장에서 직접 참외를 판매하시는 모습이 지금도 인상 깊게 남아 있다.

수량 마케팅

점장님은 시즌별 집중 상품과 판매 방법을 새롭게 보여주셨다. 하나 인상 깊은 사례는 수량 마케팅이다. 점장님은 항상 판매 목표를 수량으로 제시한다. 대표적인 성공 사례로 수박 판매가 있다. 일 500통을 판매해 보자고 하셨다. 나는 부점장으로서 농산 파트장과 판매 목표 달성에 대해서 논의하면서 파트장은 일 200통도 겨우 판매하는 우리 매장에서 불가능한 목표라고 불만을 토로했다.

하지만, 점장님은 우리가 할 수 있는 모든 것을 지원해 주셨다. 가격 저항을 줄이기 위해서 산지 구매, 주말 매출 집중을 위해서 인원 지원과 부가 업무 완전 배제, 그리고 무엇보다도 당신이 항상 함께하였다. 나는 지금도 7월 중순 어느 일요일 하루 500통(약 10파렛트 분량)이라는 판매 목표를 달성한 날을 잊을 수 없다. 그날 우리는 모두는 2002년 월드컵 4강에 올라갔을 때보다 더 기뻐했다.

모든 것이 비슷하듯이 한번 한계를 뛰어넘기 어렵지, 한번 극복한 한계는 그다음부터는 일상이 된다. 매장은 이런 작은 성공 사례 즉, 오렌지 1만 개 팔기, 고등어 1,000마리 팔기, 통닭 100마리 팔기, 라면 100박스 팔기 등등 각 코너별로 판매 목표를 달성하게 되었다. 이러한 분위기는 이후 매장에 긍정의 힘을 주고 선순환의 사이클을 타며 승승장구하였다. 결국 내가 근무하는 3년 만에 일 매출 1억을 초과하는 성과로 오픈 초기 대비하여 200%로 성장하는 경험을 하였으며, 나의 점장 생활의 밑거름이 되었다.

| 폐허에서 개선한 사례

상기 부산 근무의 성과로 수도권 매장을 거쳐, 드디어 첫 점장으로 2009년 1월, 동대전점으로 발령이 났다. 당시 매장에 발령 났을 때 매장 규모는 1,800평으로 작지도 크지도 않은 규모였다. 또한 오픈 8년 차 매장으로서 오픈 첫 해 월 50억 수준으로 괜찮은 실적이 나왔으나, 인근에 강력한 경쟁사가 오픈하면서 점점 매출이 악화되어 내가 이동한 해에는 월 25억 정도로 반토막 났으며, 매장의 영업 이익도 적자로 전환된 매장이었다. 그래서 본사에서도 다양한 방법으로 매출 활성화 방안을 강구하여 경쟁사와 시장경쟁 하려 노력하였으나, 부진을 면치 못하고 지속적인 적자의 늪에서 빠져나오지 못하고 있었다. 내가 신임 점장으로 부임한 시점에서는 본사뿐만 아니라, 매장의 담당들마저도 영업 의지가 모두 꺾여 있는 시점이었다.

　기억하는 매장의 첫 이미지는 당시 영업하고 있는 보통의 매장 환경에서 10년쯤 과거로 돌아간 기분이었다. 매장은 노후화가 될 대로 되어 있었으며, 각종 사인물 및 인테리어는 과거 콘셉트로 방치되어 있었다. 더욱이 구성원들은 매장에서 하나라도 더 팔고, 고객 만족을 실행하고자 하는 것이 아니라, 어려움 매장에서 힘들게 버텨온 표정으로 측은지심을 불러일으키게 하였다. 마치 흔한 성공 수기 드라마에서나 나올만한 소재처럼 폐허의 사업장에 발령받은 주인공이 나중에 멋지게 다시 일으키는 이야기의 시작과 같은 분위기로 상상하면 딱 맞는 곳이었다.

패배주의 극복

　나는 어떻게 매장을 꾸려갈까? 많은 고민이 되었다. 그래도 긍정적인 요인을 찾아, 가능성을 현실로 만들어 갈 수 있는 기회 요소를 만들어 보고자 하였다. 하지만, 끊임없이 소통을 시도해도, 직원들에게 번번이 막히는 것은 '우리 매장은 안 된다.'는 패배주의였다. 담당들의 입장에서 생각해 보면 충분히 이해할 수 있다. 신임 점장은 의욕과 열정이 넘쳐났을 것이지만, 힘든 매장에서 몇 년 근무한 담당들은 지금까지 하루하루 매출 관리 어려움으로 고전을 면치 않았으며, 한 번이라도 신나게 장사를 해본 적이 없었던 것이다. 그리고, 무엇이든지 해보려고 다양한 노력을 하였으나, 작은 성공체험도 하지 못했던 것이다.

1:1 맛집 투어

이럴 때 중요한 것은 구성원들의 마음을 잘 이해하고 공감하는 것이라고 생각했다. 그리고, 그들이 지금까지 노력해 왔던 것에 대한 인정과 격려였다. 그래서 30여 명 정도 되는 모든 시니어 담당들과 1:1 맛집 미팅을 하였다. 퇴근할 때면 선임과 후임 담당들을 교대로 대전의 맛집으로 데리고 가 함께 식사하며, 머리 아픈 업무 이야기는 완전히 배제하고 서로의 삶에 대해서 솔직한 대화를 하였다. 이렇게 10명쯤 진행하였을 때 구성원들 사이에서 조금씩 점장을 보는 눈빛이 달라진다는 것을 느낄 수 있었다.

하나하나 버리는 것부터 시작하다

서두에서 매장의 첫 이미지에 대해서 말했듯이, 완전히 폐허가 된 매장이었다. 그리고 영업을 포기하고 있었다. 나는 무너진 기본부터 바로 세우기로 하였다. 하지만, 구성원들에게는 거창한 전략이나, 비전을 말하지 않았다. 일선 매장의 존재 이유는 장사하는 것이 본업이다. 또한 고객을 맞이할 준비를 하는 것이다. 그래서 영업 매장의 기본에 맞지 않는 것부터 하나하나 버리기 시작하였다. 우선 시각적으로 과거 포스트, 홍보물 등이 매장에 보이는 게 오히려 방해가 되는 것들을 모두 제거하기 시작했다.

그리고, 장사의 본업에 모든 업무를 정조준하였다. 한 사례로 1월에 부임하고 한 달 보름쯤이 되어가는 2월 중순부터 젊은 대학생들이 보이기 시작했다. 내용을 확인해 보니 주변에 우송대학교, 대전대학교, 대전보건대학교의 학생들이 신학기 준비로 자취방 생활소품,

이불 등 쇼핑하러 오는 것이었다. 이 특수는 4월 초까지 이어졌다. 가뭄의 단비와 같은 기회 요소였다. 구성원들이 잊고 있었던 장사의 재미와 즐거움을 느끼게 하기에 충분했다.

가장 잘할 수 있는 것부터 다시 시작하자!

할인점에 입사하면서부터 매장 매출 개선 TF일을 많이 했다. 그래서 다양한 마케팅을 시도해 보았으며, 좋은 성과도 많이 경험하였다. 첫 점장으로 부임할 때, 나를 잘 알고 있는 분들의 한결같은 충고는 "점장님이 제일 잘하는 마케팅 활동부터 시작하세요."였다. 사실 첫 달부터 내 마음과 같이 달리고 싶었던 마음이 꿀떡 같았으나, 소통과 공감을 통해서 원팀을 만들어 가는 과정이 필요했다. 그런데, 신학기 주변 대학생들이 돌아오는 타이밍은 나에게 날개를 달아주는 것 같았다. 매장에서 할 수 있는 다양한 프로모션을 하나하나 접목하면서 성공체험을 만들어 나갔다. 구성원들도 작은 성공체험(Small Success)을 경험하면서 영업에 자신감을 찾아가기 시작하였다.

이러한 결과 매장의 매출은 목표 대비 130%로 전 사 1등 매장으로서 2등과 현격한 차이로 앞서나가기 시작했다. 담당들은 지금까지 만년 꼴찌 매장이자 적자 매장 근무자로서 부담감을 떨치기 시작하자 장사 본능이 살아났다. 잘 안될 수가 없었다.

▎점장(리더)의 영향력

　상기의 사례는 특별한 경험이기도 하지만, 실제로 있었던 일이다. 많은 경영학 사례에서도 알 수 있듯이 리더 한 사람의 영향력으로 큰 도약을 할 수도 있지만, 최악의 경우에는 조직을 와해시키고, 기업이 문 닫는 경우도 있다. 유통 서비스업 매장은 일선에서 독립적으로 운영되는 시스템이다. 물론 식당을 운영하든, 카페, 게임방과 같은 자영업 또는 소상공인들의 경우도 마찬가지다. 오프라인 매장의 장점이자 단점은 지역 기반으로 영업하는 점이다.

　한번 오픈한 영업 매장은 쉽게 바꿀 수 없다. 지역을 기반으로 고객과 상권과 경쟁사를 지속적으로 관찰하고 분석하면서 대응해 나가야 한다. 이것이 리더의 역할이다. 나는 부족한 10~20%는 한 매장을 이끌어 가는 리더의 몫이라고 생각한다.

마지막 점장 업무 인수인계

> 점장은 지역 전문가가 되어야 한다. 내가 제주점에 와서 많이 느꼈던 것은 이러한 생생한 현장의 정보가 경영진에게 전달되지 않아서 우리 회사가 좀 더 확장 또는 광역상권으로 도전할 수 있었던 기회를 놓쳤다고 생각했다.

점장 업무 인수인계에 따른 생각

후임 점장 발령이 늦어져, 내가 퇴임하기 전에 만나서 업무를 인수인계할 수 없었다. 그래서 점장의 업무 인수인계를 간단히 중요 내용만 정리해서 전달했다. 사실 현재 대형 할인점은 본사 중심의 강력한 체인 오퍼레이션 방식으로 운영하고 있어, 매우 중요하지 않다고 생각할 수 있다. 그리고 선임 점장이 진행하는 업무를 후임 점장이 꼭 이어서 하지 않아도 된다. 왜냐하면 점 전체는 본부 중심의 오퍼레이션으로 운영되고 있어, 전임 점장의 주요 업무는 후임 점장이 생각하기에 따라 완전히 다를 수 있기 때문이다.

점장 업무 인수인계의 의미를 다시 제고하며 내 생각을 정리해 본다.

신임 제주점장이 부임하고, 며칠 후 영업 부점장과 직접 만나서 저녁 식사를 함께 하면서 전임 점장에게 제주점의 이면에 있는 많은 노하우와 특이 사항 등을 최대한 전해줄 수 있어 기분 좋았다. 제주점은 섬 지역이라, 물류 문제, 인원 운영 문제의 독특한 환경이 있을 뿐 아니라, 점장의 역할이 매우 크다. 제주도는 육지와 다르게 해외 독립 매장이라고 해도 과언이 아니다. 가령 수원점이라면 고객이 수원 사람만 있는 것이 아니라, 서울, 안산, 안양, 오산에 주거하는 분 중 수원에 직장을 둔 분도 고객일 수도 있듯이, 모든 것이 주변 지역과 연동되어 움직인다.

하지만, 제주점은 고객, 상품의 구매 등이 제주도 内에 한정되어 있으므로 쉽게 말해서 도내 유통 규모에서 제로섬 게임이다. 이러한 영업 환경을 가장 잘 인지하고 지원해 주신 분이 지금 대표님이다. 작년에 매장 방문 시 제주도 현황을 보고받으시고, 서귀포시에 홍보물을 설치할 것을 지시하셨다. 이 외에도 많은 사례가 있지만, 리뉴얼 과정 사례에서의 내용을 참고 바란다.

또한 제주점의 주요 경제 기반이 1차 산업인 농업과 수산업, 그리고 3차 산업인 서비스, 관광업으로 대한민국 경제 기반인 2차 산업 중심의 고객 생활 패턴과 완전히 다르다. 단적인 예로 제주점은 주말 매출 영향이 매우 미미하며, 오히려 월,화 매출이 전체에 미치는 영향이 더 크다. 왜냐하면 주말에는 관광객 대상으로 일하는 사람들이 많기 때문이다.

이외에도 제주도의 할인점 영업 환경과 유통 구조도 아주 다르다. 할인점은 도내에 5개(제주시 3개, 서귀포시 2개)가 전부이다.

지난 2007년 우리 롯데마트가 오픈한 이후 추가 오픈 없이 5개의 할인점이 경쟁해 왔다. 더구나 육지에서 이슈가 많았던 SSM과 같은 대기업 슈퍼마켓 체인점도 입점할 수 없어, 제주도는 할인점 5개의 독무대였다. 특히 한 경쟁사의 독무대로 지난 10년간 많은 이익과 성과를 냈다.

내가 제주점에 와서 많이 느꼈던 것은 이러한 생생한 현장의 정보가 경영진에게 전달되지 않아서 우리 회사가 좀 더 확장 또는 광역상권으로 도전할 수 있었던 기회를 놓쳤다고 생각했다.

글로벌화 붐이 일어났던 30년 전인가? 1990년대로 기억할 것이다. 그때 삼성, 엘지, 현대 등 글로벌화 선도 기업에서 지역 전문가 양성으로 신입 사원을 해외 현지에 파견하여 1~2년간 해당 지역에 대해서 리서치하는 업무만 부여하는 사례가 유명했다. 그 결과 대한민국의 많은 기업들이 지금의 글로벌 시장을 개척할 수 있었다고 생각한다.

점장은 지역 전문가가 되어야 한다. 하지만 많은 점장은 매장 밖을 모르며 알려고 하지 않는다. 단지 영업 데이터로 추출한 인구수, 가구 수, 상권 현황만 숫자로 외우고 있을 뿐이다. 이것은 점장의 역할이 아니다. 지역의 관공서 직원들과 만나서 지역 현황도 들어보고, 마트 경기에 밀접한 부동산 현황도 파악하고, 지역 고객들의 기대와 불만이 무엇인지도 현장에서 느끼고 확인해야 한다.

그래서 오프라인 중심의 할인점 미래를 예측하고 대응할 수 있도록 본사와 지속적으로 소통해야 한다. 특히 지역 내 평판은 무엇보다도 중요하다. 가령 제주도에는 경쟁사가 단연 좋은 평판으로 소문나 있다. 그러나 반전도 있다. 육류는 롯데마트가 최고라는 평판이다.

이것을 우리 경쟁력 개선의 밑천으로 점장은 생각해야 한다. 그래서 축산 코너에 대해서 특별하게 관심을 가지고 챙겨야 한다. 만일 축산의 평판이 나빠지면, 점 전체에 부정적인 영향이 너무 크기 때문이다.

많은 점장은 스스로 소통을 잘하고 있다고 착각한다. 내가 보기에는 매출 부진 시 소명 자료로서 소통만 하고 있지 비즈니스 기회를 창출하는 소통은 미흡하다고 생각한다.

예를 들어 지방 한 매장은 내가 처음 롯데마트에 왔던 2010년대 초에는 롯데마트 BIG 5 매장으로 잘되었다. 지금은 규모가 많이 하락하였다. 대우자동차 공장의 폐업이 가장 큰 원인 중의 하나이다. 회의에서도 실적 부진 원인은 제대로 분석한다. 하지만 나는 할인점은 그렇다고 해서 어마어마한 부동산을 팔고 철수할 수 없을 뿐 아니라, 대우자동차의 폐업을 우리가 막을 수도 없다고 생각한다. 그렇다면 지역에 남은 우리가 살아남을 고민을 심각하게 해야 한다.

이것이 점장의 역할이라고 생각한다.

제주점을 마지막으로 퇴임하는 점장의 업무 인수인계에서 하고 싶은 소통을 여기에서 풀어내어 본다.

에필로그

대표님! 안녕하세요.

제주점장 김용운 인사드립니다. 배려해 주신 덕분에 행복한 퇴직을 하게 되었습니다.

마지막으로 제주점 업무보고와 감사 인사드립니다.

(1) 제주점은 현재 제주도 內 1등 매장으로 성과를 내고 있어, 마지막 보고드리는 저도 너무 기쁘고 뿌듯한 느낌입니다

특히 대표님께서 심혈을 기울이는 신선식품에서 지난달부터 지속적으로 좋은 성과를 내고 있어 큰 의미가 있다고 생각합니다. 향후 롯데마트의 토대가 튼튼해지고 있다고 현장에서 느끼고 있습니다.

(2) 일선 매장이 정말 많이 달라지고 있습니다

제가 처음 뵈었던 것은 부임하신 지 얼마 안 되는 연말 송파점에서 인사드리고, 꼭 3년 모셨습니다.

인상 깊었던 점은 수산 작업장 안에서 직접 생선을 만지면서 격려하시고, 직원 식당에서 구성원들과 함께 식사하시는 모습은 이전에 만나보지 못했던 현장 중심 경영자였습니다. 우리 회사의 새로운 시작을 느꼈습니다.

그리고 유통을 통찰력 있게 이해하시고, 현장을 정말 잘 아시고, 핵심 업무 관리를 통해서 실적 개선과 점장들과 소통을 통해서 이끌어 주셨습니다. 무엇보다도 일선 점포의 의사(목소리)가 반영되고 있다는 것이 가장 컸습니다.

(3) 마지막으로 대표님께 진심으로 감사드립니다

송파점에서 실적을 회복시키지 못한 저를 제주점으로 다시 한번 기회를 주시어, 마지막 점장으로 후회 없이 일하고, 좋은 성과로서 회사에 기여하고, 저는 개인적으로 직장생활에서 유종의 미를 거둘 수 있어 깊이 감사드립니다.

항상 건강하시고, 건승하시기를 바랍니다.

제주점장 김용운 올림.

- 대표님 답장

김 점장님,

> 한 사람이 살아가면서 여러 가지 부침이 있을 수밖에 없는 게 인생이라면, 김 점장의 삶은 어려운 고비를 잘 넘긴 해피엔딩이 아닌가 싶습니다. 3년 전 처음 롯데마트에 부임 받았을 때, 솔직히 막막한 심정이었어요…
> (중략)
> 하지만 전 점포를 돌면서 그 안에서 하고자 하는 의지가 있는 우리 직원들을 만날 수 있었고 보여주기가 아닌 진짜 방향을 설정하면 폭발력 있게 추진할 수 있는 우리 팀들이 보였습니다.
> 그 대표적인 예가 제주점이라고 생각합니다.
> 좋은 점장을 임명할 수 있었고, 그 리더의 현장 의견을 들어 의사결정한 내용들은 틀릴 수가 없었습니다. 건강이 걱정되긴 했지만, 저로서는 최고의 카드를 썼다고 생각합니다.
> 저 역시 점장 생활을 했던 기억을 되돌려 보면, 그때가 참 행복했다고 생각합니다. 그리고 그간 누구도 해내지 못했던 명실공히 제주 1등 점포를 만들어 낸 족적은 두고두고 제주를 찾을 때마다 자랑스러운 기억으로 남아 있을 것입니다.
> 사람은 마음에 새겨지는 것이기에 제주점 전 직원과 본사의 임직원들도 김 점장님의 리더십을 잘 기억할 것입니다.
> 앞으로 무엇보다도 건강을 잘 챙기시고,
> 영원한 롯마맨으로 앞으로 좋은 응원과 피드백 부탁합니다.
> 참 수고했고,
> 감사합니다.

나는 대표님의 답장으로 직장생활의 모든 것을 보상받았다고 생각한다. 이렇게 우여곡절이 많았던 직장생활을 잘 마무리하고 롯데마트를 떠났다. 하지만 한편으로 직장생활에 아쉬움이 많은 것도 사실이다.

좀 더 나아가 후배 점장에게 내가 경험한 점장 업무 노하우도 전해주고 싶었으며, 우리 롯데마트의 잠재력에 대해서도 함께 논의하여 회사의 발전에 더 기여하고 싶은 마음도 있었지만, 이미 너무 많은 시간이 지나가 버렸다.

매장 운영의 핵심은 결국 사람이며, 고객과 구성원 모두를 이해하고 소통하는 과정이 성과로 이어진다. 유통업과 자영업, 소상공인은 결코 다르지 않으며, 변화하는 시장 속에서 현장을 읽고 반응하는 경영자가 결국 살아남는다. 본 책의 사례들이 유통업에 종사하는 이들에게 작게나마 실질적인 길잡이가 되기를 바란다.

이 책을 마감하고 이제야 진심으로 퇴직한 기분이 들 만큼 마음이 홀가분하다.

롯데마트 파이팅!!!

2024년 8월 서귀포에서

김점장의
일등마트 도전기

초판 1쇄 발행 2025. 7. 18.

지은이 김용운
펴낸이 김병호
펴낸곳 주식회사 바른북스

편집진행 김재영
디자인 김효나

등록 2019년 4월 3일 제2019-000040호
주소 서울시 성동구 연무장5길 9-16, 301호 (성수동2가, 블루스톤타워)
대표전화 070-7857-9719 | **경영지원** 02-3409-9719 | **팩스** 070-7610-9820

•바른북스는 여러분의 다양한 아이디어와 원고 투고를 설레는 마음으로 기다리고 있습니다.
이메일 barunbooks21@naver.com | **원고투고** barunbooks21@naver.com
홈페이지 www.barunbooks.com | **공식 블로그** blog.naver.com/barunbooks7
공식 포스트 post.naver.com/barunbooks7 | **페이스북** facebook.com/barunbooks7

ⓒ 김용운, 2025
ISBN 979-11-7263-490-2 03320

•파본이나 잘못된 책은 구입하신 곳에서 교환해드립니다.
•이 책은 저작권법에 따라 보호를 받는 저작물이므로 무단전재 및 복제를 금지하며,
이 책 내용의 전부 및 일부를 이용하려면 반드시 저작권자와 도서출판 바른북스의 서면동의를 받아야 합니다.